Imanuel Stutzmann

Trocken Brot macht Wangen rot

Imanuel Stutzmann

Trocken Brot macht Wangen rot

Kindheits-
erinnerungen
aus einem
schwäbischen
Dorf

THEISS

*Meinen Enkeln Jonathan,
Florian, Julian und
Irena gewidmet.*

Bibliografische Information Der Deutschen Bibliothek
Die Deutsche Bibliothek verzeichnet diese Publikation in der Deutschen
Nationalbibliografie; detaillierte bibliografische Daten sind im Internet über
http://dnb.ddb.de abrufbar.

Umschlaggestaltung: Atelier Jürgen Reichert, Stuttgart, unter Verwendung
einer Aufnahme aus dem Buch

© 1. -7. Auflage Bleicher Verlag, Gerlingen 1991
© 8. Auflage Konrad Theiss Verlag GmbH, Stuttgart 2003
Alle Rechte vorbehalten
Druck: Druckerei Maisch & Queck, Gerlingen
Bindung: Karl Dieringer, Gerlingen
ISBN 3-8062-1793-9

Besuchen Sie uns im Internet: www.theiss.de

Inhalt

5

Vorwort

Das Dorf, in dem sich diese Geschichten zutrugen, gibt es noch; es heißt Friolzheim. Wenn ich heute hinkomme, muß ich allerdings lange suchen, bis ich die Plätze wiederfinde, an denen das alles passiert ist. Unser Kinderschüle steht zwar noch, doch besuchen die Kleinen aus dem Dorf längst einen modern eingerichteten Kindergarten. Das Schulhaus ist inzwischen abgerissen; die Schüler der Oberklassen fahren heute mit dem Schulbus nach auswärts. Vom Rathaustürmle bimmelt auch nicht mehr das Glöckchen, mit dem damals der Schultheiß seinen Büttel, den Polizeidiener, aufs Rathaus rief. Im Winter fährt nicht mehr der Bahnschlitten, vor den vier Pferde gespannt waren, mit einer Schar Kinder darauf, durchs Dorf und hinaus bis an die Markungsgrenze, dabei den Schnee zu Bergen auf die Seite schiebend. An den lauen Juniabenden hört man nicht mehr die hellen metallenen Töne vom Dängeln der Sensen. Und nach heftigen Gewitterregen können die Kinder nicht, wie wir es so gerne taten, im Wasser herumstapfen, das in den Kandeln am Straßenrand dahinschoß, Rindenschiffchen darin um die Wette schwimmen lassen oder gar mit Mutters Holzwaschzuber im kleinen See herumpaddeln, der nach ergiebigen Regengüssen vor der Dorfschmiede entstanden war, wo alles Kandelwasser vom ganzen Flecken zusammenlief, bevor es von einer Dohle verschluckt wurde und unter der Straße in Deicheln hinaus in die Brühlwiesen floß. Durchs Dorf trotten keine Kuhfuhrwerke mehr gemächlich ane; es traben nicht mehr die Pferdegespanne eilig hinaus auf die Wiesen, um noch schnell vor dem drohenden Gewitter einen Wagen Heu trocken nach Hause zu fahren. Und dort draußen ziehen nicht mehr die Kinder den großen eisernen Rechen hinter dem Heuwagen mit den großen Holzschildern auf beiden Seiten und dem Wiesbaum obenauf her oder legen in der Bekkenhitze der Ernte auf den Getreideäckern die bunten Garbenstrickle mit den Holzklötzchen daran auf den Boden, die man dann später dem Vater anbieten mußte, wenn er die darauf gelegte Frucht zu einer Garbe zusammenbinden wollte.

Wo einst, gleich nach dem Ortsetterwegle, Felder und Wiesen begannen, stehen heute viele Häuser und kleinere oder größere Industriebetriebe. Niemand kann mehr Wasser mit Schapfen aus den Brunnenstuben oder den Brunnentrögen in die Güllenfässer füllen, um es im Sommer an die Krautsetzlinge zu verteilen, weil es die fünf Pumpbrunnen gar nicht mehr gibt. Doch vom Betzenbuckel oder vom Gaisberg aus geht wie eh und je der Blick übers Dorf, das auf einem langen Höhenrücken liegt, den Winden preisgegeben, zu den blauen Kammlinien der nahen Schwarzwaldberge, die sich stufenweise über dem Würmtal und dem Nagoldtal aufbauen, bis sie sich jenseits des Enztals im Dunst verlieren. Auf den Feldern liegen noch immer viele Steine, und die wenigen Steinriegel, die man übrig gelassen hat, zeugen noch immer von der Mühe und dem Fleiß früherer Geschlechter.

Einst führte durch unser Dorf die Hauptstraße von einem Ende, dem Außendorf oder dem Zinken, zum Oberdorf am anderen Ende. Beim Rathaus teilte sie sich in eine Vordere und Hintere Gasse. Ein paar wenige Seitengassen gingen von der Hauptstraße weg und führten meist im Bogen wieder zu ihr zurück. In einer von ihnen, die man nach der beliebten württembergischen Königin Pauline benannt hatte, stand mein Elternhaus. Überall hieß sie jedoch »Lompegaß«, weil in ihr irgendwann einmal ein paar händelsüchtige Männer gewohnt haben sollen, die alles verjubelten und am liebsten im Wirtshaus saßen. In jener Gasse habe ich alle Schlupfwinkel zwischen den Häusern, Scheunen, Ställen und Holzschuppen gekannt und genau gewußt, wo man beim Schlupferles durch schadhafte oder gar herausgefallene Riegelwände von einem Haus ins andere klettern konnte. Das also war damals meine Welt. Die Leute um mich herum kannte ich alle, wenn auch zumeist nicht mit ihrem richtigen Namen, sondern mit einem, der ans Haus, irgendein gespäßiges Ereignis oder ans »Geschlecht« gebunden war. Von dieser kleinen Welt will ich erzählen, von dem, was so die Woche über oder am Sonntag passierte, der sich für uns schon am Samstagabend ankündigte, wenn man die Straße gefegt und hinterher dann im Waschzuber gebadet hatte, die Glocken den Sonntag einläuteten und sich eine große Stille übers ganze Dorf legte.

Wie alles anfing:
Bücher, Bücher, Bücher

Im Nachbarort, wo ich vor mehr als siebzig Jahren geboren wurde, wohnten die Eltern meiner Mutter, zu denen ich Großmama und Großpapa sagen mußte, und zwar nicht nur wegen der Unterscheidung zur »Ahne« und zum »Ähne«, den Eltern meines Vaters. Nein, da gab es noch feine graduelle Unterschiede: Großmama und Großpapa wohnten – im Gegensatz zu Ahne und Ähne – eigentlich in einem kleinen Städtchen. Darin gab es einen Stadtschultheißen und einen Stadtpfarrer, nicht bloß einen Schultes und einen Pfarrer wie in unserem Dorf. Bei ihnen schwätzte man auch anders, will sagen, man drückte sich anders aus als bei uns. Da gab es zum Mittagessen nicht Stürum oder Bubespitzle, sondern Eierhaber und Wargelnudeln. Im Nähkästchen der Großmama lag nicht – wie bei der Ahne – ein Glufebäuschtle, das voller Glufen steckte, sondern ein Nadelkissele mit Nadeln darin. In ihrem Garten wuchsen Erdbeeren, bei uns Breschtleng. Bei ihnen hatte man das Abweichen, bei uns die schnelle Kätter. Großpapa hatte zwar denselben Beruf wie der Ähne, und doch war der eine Wagner und der andre Wägner. Wie der Ähne hatte auch er einen Gaul. Der hieß aber nicht einfach bloß Max, wie der vom Ähne, sondern Hindenburg und hatte einen Bläß auf der Stirne. Beide Großväter waren rechtschaffene und schaffige Männer ihr ganzes Leben lang.

Im Hause der Großeltern, außen im Städtle, vor dem ein mächtiger Kastanienbaum stand und zu dem eine steinerne Treppe mit fünf Stufen hinaufführte, gab's eine riesengroße Uhr, die auf dem Boden stand und nicht an der Wand hing, wie die Uhren, die ich bis dahin gesehen hatte. Ein Pendel, viel größer als ich selber, bewegte sich langsam und gravitätisch darin hin und her.

Ich muß wenig mehr als vier Jahre alt gewesen sein, damals, als ich sie zum ersten Mal bewußt wahrnahm. Ich saß ziemlich hilflos im Wohnzimmer – Großpapa und Großmama sagten nicht Stube wie wir – auf dem schwarzen Ledersofa mit den weißen Nagelköpfen, spürte die Kälte des Leders an meinen Beinen, dachte deswegen an das Sofa der Ahne, das zwar bloß mit Stoff bespannt war und braune Nägel hatte, auf dem man aber viel wärmer saß, und sah das Wunderwerk von Uhr neben mir, die in ihrem dunklen Gehäuse sehr ehrwürdig aussah. In noch nachhaltigerer Erinnerung an jenen Besuch, bei dem ich auch zum erstenmal in der Fremde übernachtete, blieb mir jedoch noch etwas anderes. Über jener Standuhr, und von ihr bis zur Tür reichend, war ein Holzbrett angebracht. Darauf standen viele, viele Bücher, eine ganze Reihe voll. Das waren sogar mehr, als ich zählen konnte! Wofür man so viele Bücher überhaupt brauchte? Daheim kamen wir mit dreien ganz gut aus. Alle waren schwarz und hatten auf dem Deckel ein goldenes Kreuz. Das größte davon war die Bibel, das andere das Gesangbuch und das dritte ein Gebetbuch. Sie lagen in der Schublade des Küchentisches, bereit zum täglichen Gebrauch. Auf diesem Bücherbrett jedoch standen noch ganz andere, auch solche mit farbigem Umschlag. Schlug man sie auf, so fand man darin bunte Bilder zum Anschauen.

Am meisten hat es mir damals ein Buch angetan, auf dessen Umschlag ein merkwürdig gekleideter Junge mit wirrem Langhaar und riesig langen und spitzen Fingernägeln zu sehen war, ein richtiger Haarigel. Die Tante Karoline hat es mir heruntergeholt, und als sie mein großes Interesse an den bunten Bildern bemerkte, mir daraus vorgelesen. So erfuhr ich dann auch den merkwürdigen Namen der Titelfigur: Struwwelpeter. Und was die Tante noch alles aus dem Buch vorlas! Dabei reimte es sich so lustig, auch wenn in mitunter traurigen Geschichten vom brennenden Paulinchen erzählt wurde oder vom ständig abmagernden Suppenkaspar, vom Konrad, der immer am Daumen lutschte, vom bitterbösen Friederich, vom uneinsichtigen Zappelphilipp, vom tölpelhaften Sonntagsjäger, vom Kaspar, dem Wilhelm und dem Ludewig, die der Nikolaus kurzerhand ins Tintenfaß steckte, vom geistesabwesenden Hans-Guck-in-die-Luft oder vom fliegenden Robert, von dem kein Mensch, auch nicht Tante Karoline, wußte, »wo der Wind ihn hingetragen«. Daß in den Büchern so interessante Dinge stehen, hatte ich bis dahin noch nicht erfahren. Darum kam ich nach zwei Tagen zwar schier krank vor Heimweh nach Hause, dafür aber mit dem festen Vorsatz, möglichst sofort lesen zu lernen. Andere, für den Augenblick weit wichtigere Dinge verhinderten dies jedoch, und darum gingen noch zwei Jahre ins Land, bis ich es konnte, und noch weitere sechs Jahre, bis ich das erste Buch, einen Jahresband des »Neuen Universum«, mein eigen nannte.

Heute besitze ich viele Bücher, darunter sind auch mehrere Ausgaben vom Struwwelpeter. Geblieben ist die Faszination, die vom Buch ausgeht, weil man mit seiner Hilfe über sich selbst hinausgelangen kann.

Kinderschüler, Suppentrieler

Mitten im Dorf, dem Gefallenendenkmal gegenüber, stand unser Kinderschüle. Es war ein einstockiges Haus, mit unserem Schüle im Erdgeschoß. Oben wohnten die Kinderschwester Magdalene und der Unterlehrer. Während dieser öfters wechselte, wohnte die »Schwester«, wie man sie im Dorfe nannte, über Generationen hinweg dort. Als ganz junge Heppacher Schwester war sie zwei Jahre vor der Jahrhundertwende ins gerade neu gebaute, von einer Familie Heß gestiftete Kinderschulgebäude eingezogen. Von da an hat sie dann beinahe fünfzig Jahre lang die Kinder des Dorfes betreut und sowohl meinen Vater als auch mich auf die »große Schule« vorbereitet.

Viele, viele Mädchen und Buben, lauter »Kenderschüler, Suppentrieler«, saßen im Laufe der fünf Jahrzehnte bei ihr in dem ebenerdigen Raum, durch dessen eine Fensterreihe man auf die Dorfstraße und das Kriegerdenkmal hinaussehen konnte, während auf der anderen Seite der Ausblick durch vor den Fenstern stehende Zwetschgenbäume eng begrenzt wurde, deren Früchte leider nicht uns gehörten. Auf kleinen, festen Bänken hockten wir, so eng wie die Filzläuse, zu ihren Füßen und sahen zu, wie sie die drei Stufen zu ihrem schwarzen Pult hinaufstieg, ihre Glocke schwang, sich kerzengerade hinsetzte, ihre weiße Schürze geradestrich, die – genau wie der Klämmerlesschurz meiner Mutter – eine große Tasche hatte, endlich noch die gestärkte Haube auf dem Kopf zurechtrückte und dann mit lauter Stimme in das Durcheinander und den Kuddelmuddel zu ihren Füßen hinunterrief: »Gebet acht, gebet acht, machet alle so!« Dabei bewegte sie ihren rechten Zeigefinger im Sprechrhythmus auf und ab und legte ihn sich am Ende dieses Ausrufs demonstrativ auf die Lippen. Dies wiederholte sie so oft, bis alle Kinder, auch die ärgsten Krakeeler, mitsprachen, sich zuletzt ebenfalls ihren rechten Zeigefinger auf die Lippen legten und ihr vorlautes Bäbberle hielten. Dann brach sie unvermittelt ab, und in die plötzlich entstandene lastende Stille durften wir auf Kommando im Chor rufen: »Schwester, verzähl e G'schichtle!« Und dann begann sie, aber ja nicht bloß zum Baßledâ, wie sie versicherte:

»Dort drauße rom bei Leonberg,
des G'schichtle isch fei wohr,
lauft ganz alloi em Kornfeld rom
e Büable vo drei Johr.«

Außer dieser rührseligen Geschichte von dem Buben, der seinen Vater, der im Krieg war, draußen in den Feldern suchte, weil seine Mutter ihm erzählte hatte, daß der Vater »im Feld« sei, gab's noch eine andere von einem Kind, das einstens als kleines Butzewaggele von Zigeunern geraubt worden war, und das seine richtigen Eltern wiederfand mit Hilfe eines Medaillonbildchens, das es immer um den Hals trug. Daneben lehrte uns Schwester Magdalene manchen Abzählvers und manches Spiellied, die ich heute noch gut kenne, so das von den fleißigen Waschfrauen oder vom Bauer, der seinen Hafer aussät, bei dessen Singen und Darstellen mein rechts von mir im Kreis stehender Nachbar – ein Spitzbub und Fetzenberger, wo ihn die Haut anregte – bei seinen Säbewegungen gar zu gerne so weit ausholte, daß er mir mit einer gekonnten Bewegung eine versetzte, was aber Schwester Magdalene nie bemerkte. Wenn diese dann so gegen zehn Uhr vormittags die Fensterläden umlegte und verschloß, wußten alle, daß jetzt auf Kommando geschlafen werden mußte. Erst ihr »Sodele, etzetle dürfet älle wieder aufwache!« erlöste uns davon, und wir durften den auf die Arme gelegten Kopf wieder heben und uns die Augen ausreiben.

Hinten an der Wand, neben den Haken, an denen unsere Vespertäschchen hingen, war eine Tür, die immer verschlossen blieb und schon deshalb auf mich eine große Anziehungskraft ausübte. Wenn Schwester Magdalene dahinter verschwunden war und kurz darauf wieder sichtbar wurde, hatte sie immer Hände und Arme voller Spielzeug. Um dies einzukaufen, dabei aber für die Gemeinde Geld zu sparen, fuhr sie jedes Jahr zum Sommerschlußverkauf mit dem Postauto nach Pforzheim und trug dann am Abend die nigelnagelneuen Dinge, in viele Schachteln verpackt, nach Hause. In meinem letzten Jahr im Schüle, als ich schon zu den Großen zählte, obwohl körperlich ein wenig gering, war ich dann auch einmal hinter der geheimnisvollen Tür und staunte nicht schlecht über das, was ich da alles in den Regalen entdeckte. Da hing ja auch, neben den

Doggenstuben und den Eimerchen, den Sieben und den Schaufeln, mit denen wir im Sommer droben bei der Kirche im Schatten großer Akazienbäume im Sandkasten spielten, das lange und dicke Seil mit den paarweise daran angebrachten braunen Holzgriffen, an dem uns die Schwester im Gänsemarsch durchs Dorf führte, wenn wir einen »Ausflug« in die nahen Brühlwiesen hinaus machten.

Um elf Uhr kam dann der große Höhepunkt, das Finale, auf das am Vormittag alles zulief. Dazu zogen wir in Doppelreihen, die leeren Vespertäschchen umgehängt, hinaus in die Veranda, einen überdachten und von einer hohen Holzbalustrade umgebenen Vorplatz. Wenn die Kirchenuhr dann elf geschlagen und anschließend der Mesner noch geläutet hatte, stimmten wir laut unseren vielstimmigen Schlußgesang an:

»Elf hat es geschlagen, die Schule ist aus!
Jetzt gehen wir fröhlich und stille nach Haus.
Zu Hause, da wartet die Mutter auf mich,
Und war ich gehorsam, so freuet sie sich.«

In der NS-Zeit durfte Schwester Magdalene nicht mehr in ihr geliebtes Kinderschüle. Dafür hat sie in diesen Jahren im Dorf die Kranken gepflegt. Aber gleich nach dem Ende des Zweiten Weltkrieges scharte sie die Dorfkinder noch einmal eine kleine Weile um sich, und die Bauersfrauen brachten ihr wie eh und je im Heuet und in der Ernte auch noch die Kinderwagen mit den ganz Kleinen darin, damit sie draußen auf Wiese oder Acker ungehindert schaffen konnten.

Für mich war es ein bewegendes Fest, als drei Jahre

später eine junge Kindergärtnerin mit den Kleinen und den Erwachsenen des Dorfes, davon die meisten selbst einst Kinderschüler von Schwester Magdalene, das fünfzigjährige Jubiläum von Schüle und Kindergarten feierte, und die alte Schwester der unbestrittene Mittelpunkt der vielen Ehrengäste war. Die junge Kindergärtnerin allerdings blieb keine fünfzig Jahre, weil ich sie bald darauf ihren Kindergartenkindern weggeheiratet habe.

Auf, ab, auf – Dipfele drauf:
mein erster Schultag

Die meisten von uns haben in ihrem Fotoalbum ein
Bild, auf dem sie als Schulanfänger, oder, wie wir
damals sagten, als ABC-Schütz zu sehen sind. Da
gucken dann ein Bub in kurzen Hosen und langen
Strümpfen, ein Mädchen mit langen Zöpfen oder
kurzen Rattenschwänzen mit bunten Zopfmaschen
darin ängstlich und meist gar nicht fröhlich in die
Welt.

In meinem Album fehlt jedoch ein solches Bild.
Zum einen, weil meine Eltern sich das Geld dafür
hätten vom Mund absparen müssen, zum anderen
aber, weil ich an diesem Tag vom Fotografen, der da
geheimnisvoll unter einem schwarzen Tuch han-
tierte, aufgeregt mit den Armen herumfuchtelte und
ganz höpfelig war, gar nicht hätte auf die Platte
gebannt werden können. In meinem damaligen
Zustand war ich für ihn überhaupt nicht interessant
und schon gar nicht fotogen.

Und das war so gekommen:

Am Morgen jenes Montags im April, eine Woche
nach dem Ostereierwerfen auf den Brühlwiesen,
hatte mir die Mutter geholfen, mein Bleyle-Matro-
senanzügle anzuziehen, das ich sonst nur am Sonntag trug, hatte mir den Lederranzen umgeschnallt,
den schon mein Onkel Fritz getragen hatte, und

sich dann mit mir auf den Weg zur Schule gemacht. Dabei führte sie mich an der Hand und achtete darauf, daß ich ja nicht, wie ich es auf dem Weg zum Kinderschüle bisher am liebsten getan hatte, links oder rechts der Straße im Kandel lief, wo in den Vertiefungen vom letzten Regen kleine Pfützen übrig geblieben waren, in die man hineinstampfen oder gar mit beiden Füßen hineinspringen konnte, so daß das Wasser nach allen Seiten hinausspritzte. Nein, diesmal gingen wir mitten auf der Straße, und meine Stiefel, die der Vater am Abend zuvor noch frisch genagelt, dann an der Stiefelspitze und am Absatz mit neuen Eisele versehen hatte, und die von der Mutter hinterher dick mit Schmotz eingeschmiert worden waren, klopften einen unregelmäßigen Rhythmus, den auch die Schiefertafel und der Griffelkasten im Schulranzen mithopsten.

Auch die Mutter war aufgeregt. Ich spürte es an ihrem Händedruck. Und als wir vor dem Schulhaus die anderen Mütter und ABC-Schützen trafen, hatten wir beide feuchte Hände.

Ich kannte sie ja längst alle, meine zukünftigen Mitschüler, die sieben Buben und die acht Mädchen, waren wir doch schon jahrelang zusammen bei Schwester Magdalene im Kinderschüle gewesen. Und meinen zukünftigen Lehrer, den Unterlehrer Buhl, kannte ich auch schon, weil ich ihm nämlich einmal die Milch über die Hose geschüttet hatte, die ihm ein größerer Nachbarsbub gebracht hatte.

Hoffentlich geht heute alles gut, dachte ich darum, wenn ich ihm in der Schule begegne und er mich gar wiedererkennt. Aber heute war ja die Mutter dabei, da konnte überhaupt nichts schief gehen!

Dann holte uns der Herr Buhl alle hinein in die Unterklasse, wo die Klassen eins bis vier miteinander Unterricht hatten, und schickte die anderen Schüler heim, die uns ausbäfften und hämisch nachriefen: »ABC-Schütz, goht en d'Schul ond ko nix!« Drinnen wies er uns die Plätze an: die acht Buben links und die acht Mädchen rechts vom Mittelgang, ganz vorne, gleich unter dem Podium, auf dem das Lehrerpult stand. Die Bänke waren genauso hart wie unsere Küchenbank daheim. Vier hatten darauf nebeneinander Platz. Richtig aufstehen konnte man in ihnen gar nicht, man blieb dabei nämlich mit den Kniekehlen am Sitz hängen und stand darum merkwürdig eingeknickt da. Wer das Glück hatte, außen zu sitzen, der hatte es besser, weil er einfach zur Seite heraustreten konnte.

Auf die schräge Tischplatte vor uns sollten wir zuallererst die Schiefertafeln legen, sagte der Herr Buhl. Dann sollten wir sie alle hochhalten, damit man auch die schönen bunten Schwämmchen und Tafellappen sehen könne, die unsere Mütter an zwei Schnüren auf der rechten Tafelseite festgebunden hätten. Damit sollten wir den hinten an der Türe Stehenden zuwinken, die jetzt nach Hause gingen. »Habt keine Angst«, meinte der Unterlehrer Buhl, »in einer Stunde kommen sie wieder und holen euch ab!« Und jetzt, da wir schon richtig und sogar ganz allein mit ihm in der Schule seien, wollten wir doch gleich mit dem Schreiben anfangen. Dazu sollten wir unsere Griffelkästen aus dem Ranzen holen und sie oben auf die Bank stellen. Darin lagen zwei schön gespitzte Griffel, ein dunkler, kratziger und ein heller, weicher, zu dem wir Milchgriffel sagten. Und mit dem harten Griffel, also dem dunklen, dürften wir nun ein kleines »i« auf unsere Schiefertafel schreiben. Das gehe ganz einfach. Er zeige es akkurat an der Wandtafel, »nämlich bloß auf, ab, auf«. Und dann komme noch ein Dipfele oben drauf.

Und da ist es dann passiert! Als ich den bemalten Deckel meines Griffelkastens zurückschieben wollte, schob ich ihn aus Versehen ganz heraus und gegen ein Tintenfaß, das da stand und nicht in der dafür ausgefrästen Vertiefung der Schülerbank steckte, wo es eigentlich hingehört hätte. Die schwarzblaue Tinte lief aus dem umgestoßenen weißen Porzellanhäfele in einer gewundenen Linie über die Tischplatte und tropfte dann hinunter auf mein Matrosenanzügle. Zuerst hatte ich mehr erstaunt und verwundert den umständlichen Weg der Tinte über die schräge Schreibfläche der Schülerbank verfolgt, bevor ich allmählich die ganze Tragweite des Geschehens erkannte. Das gab ja richtige schwarze Flecken auf der Hose! Und dann wurde es plötzlich feucht auf den Schenkeln! Auf der Bank blieb nur eine dunkle Tintenspur zurück. Ich versuchte, sie schnell mit den Händen zu beseitigen und wischte diese am Matrosenleibchen ab. Als ich merkte, was ich damit angerichtet hatte, begann ich zu weinen. Die Mutter, die mir in meiner Not sicherlich hätte helfen können, war weit weg. Die Tinte hatte zwar aufgehört zu fließen; dafür aber liefen mir die Tränen ungehindert über die Backen.

Der Herr Unterlehrer Buhl versuchte zu trösten, holte mich aus der Bank heraus und setzte mich auf seinen Stuhl hinter dem Pult. Und so thronte ich oben auf dem Podest, und zu mir führten zwei Stufen herauf! Dann hängte er ein großes Bild über die Wandtafel und das darauf gemalte kleine »i« und begann, uns die wundersame Geschichte vom »Wolf und den sieben Geißlein« zu erzählen, die ich so sehr liebte. Darüber vergaß ich meinen Schmerz und versuchte darum, mit den Händen meine Tränenspuren wegzuwischen. So verteilte ich ungewollt die Tinte auch noch im Gesicht. Als dann einige Mitschüler mit den Fingern auf mich deuteten und zu lachen anfingen, war es mit mir und meinem ersten Schultag endgültig vorbei.

Und so kam es, daß der Herr Unterlehrer meiner Mutter nach einer Stunde ein Häufchen Elend zuschob, das sich ganz fest an den Falten ihres Rocks und an ihrer Hand festhielt und beides lange nicht mehr losließ, während die Mitschüler dem Fotografen Modell für ihr Fotoalbum standen.

Trotzdem bin ich am anderen Tag wieder gekommen und bis nach dem 62. Geburtstag gerne in die Schule gegangen.

Vom Großvater, dem Wägners-Fritz, und von der Großmutter, der Vogts-Mina

Eigentlich hieß er Friedrich, die Leute im Dorf aber nannten ihn nur Fritz, und der richtige Name meiner Großmutter war Wilhelmine. Das habe ich jedoch erst während meiner Grundschulzeit erfahren, als wir im Heimatkunde-Unterricht nach unseren Vorfahren forschten und einen Stammbaum aufstellten.

Der Großvater hatte es aber mit richtigen Baumstämmen zu tun. Sie lagen vor seinem Haus an der Bandsäge bei der Wagnerwerkstatt. Die war mein liebster Aufenthaltsort. Da gab's interessante Werkzeuge, es roch so herrlich nach Leim, und vor allem kamen immer Bauern herein, die etwas zum Reparieren brachten oder aber bloß einen Schwätz machen wollten mit dem Wägners-Fritz, eben mit meinem Großvater. Er war nicht der einzige Wagner im Flecken. Der »Christian-Vetter«, sein Bruder, hatte auch das Wagnerhandwerk erlernt und die väterliche Wagnerei übernommen, was manche Familienstreitereien mit sich brachte. Der andere Bruder, der »Karl-Vetter«, war Schreiner geworden und somit wenigstens nicht ein direkter Konkurrent. Alle drei Brüder verband die Liebe zum Holz, alle waren sie richtige Holzwürmer.

Mein Ähne, so sagte ich zum Großvater, liebte außerdem noch seine Tauben, für die er hoch oben auf dem Katzenlauf, direkt unter dem Dachfirst, einen Taubenschlag gebaut hatte, und überhaupt alle Tiere. Er wußte deshalb immer, wo er mir am Sonntagmorgen Vogelnester zeigen konnte, wo der Neuntöter in den Schwarzdornhecken ein paar Käfer aufgespießt hatte und wo es Erbele, die herrlich aromatisch schmeckenden kleinen Walderdbeeren, gab. An seinem Hut steckte eine kleine schwarzblaue Feder des Eichelhähers, und in seiner Stube, in die man übrigens nur am Sonntag und an Weihnachten ging – am Werktag hielt man sich in der Küche oder in der Kammer auf –, hielt er in einem Käfig einen Distelfinken, den er im Winter selbst gefangen hatte. Wie das zugegangen war, hat er mir einmal gezeigt. Unter den Rand eines großen, alten Getreidesiebs stellte er ein Holzscheit, an das er eine Schnur band, die bis ins Haus hereinreichte. Unter dieses schräg aufgestellte Sieb streute er Grassamen und Getreidekörner. Bald kamen die Vögel angeflogen, und nach einer Weile trauten sie sich auch unters Sieb, um dort das Futter aufzupicken. Auf diesen Augenblick hatte der Großvater gewartet. Er zog kräftig an der Schnur, das Sieb fiel auf den Boden, und die Vögel waren darunter gefangen. Nicht leicht war es nun, mit der Hand unters Sieb zu kommen und den richtigen Vogel zu erwischen, während die anderen entwischten. Neben dem Vogelkäfig mit dem Distelfinken hingen noch zwei Bilder und ein kleines Häuschen. Ganz früher, so erzählte der Ähne, sei diese Stube einmal ein Wirtshaussaal gewesen, weil das

Haus, bevor er und die Ahne es gekauft hätten, das Wirtshaus zum Ochsen gewesen sei. Die Rahmen der beiden Bilder waren schichtweise aus dünnem Holz aufgebaut. Der Großvater selbst hatte die einzelnen Teile dazu mit seinem scharf geschliffenen Taschenmesser aus Zigarrenkistenholz ausgeschnitten und aufeinandergeleimt. Schon allein dieser Bilderrahmen, vor allem aber seiner Bienen wegen, müsse er Zigarren rauchen, meinte er zur Großmutter, die das gar nicht gerne sah und es für aushausig hielt. Sie war eher bhäb und hebte ihr Sach hinein. Trotzdem schenkte sie ihrem Mann jedes Jahr als Christkindle eine Schachtel Zigarren, sogar solche mit einer Bauchbinde. Diese löste der Großvater langsam und feierlich, sprach dann den Zigarren begütigend zu: »Ihr Gefangenen, ihr sollt losgebunden werden« und tat genüßlich den ersten Zug. Das Jahr über brauchte er mich zum Zigarrenkauf. Wenn die Vormittagsschule aus war, mußte ich ihm erst seinen Zehner-Stumpen holen, bevor ich nach Hause konnte. Dazu rannte ich schnell, damit die Ahne es nicht bemerkte, von seiner Werkstatt mit ein paar Sätzen über die Straße hinüber und die vier Stufen zum Lädle der Reyles-Emma hinauf, riß die Türe weit auf, damit die lustige Glocke darüber ja recht laut bimmelte, und legte mein Zehnerle auf den Ladentisch. Die Emma wußte schon, was ich dafür bringen sollte, drum fragte sie mich erst gar nicht nach meinem Wunsch, sondern drückte mir gleich den Zehnerstumpen in die Hand.

Auch die Großmutter, die aus einem schönen Bauernhaus stammte, in dem sie mit dem Großvater am

Anfang ihrer Ehe gewohnt hatte, erwartete von mir am Morgen und am Abend einen wichtigen Dienst: im hinteren Stall, abseits von Pferd und Kühen, hielt sie vier Gänse. Diese mußte ich morgens in den Gänsegarten im Brühl treiben und am Abend von dort auch wieder heimholen. Das war gar nicht einfach und fürwahr kein Schleckhafen, denn eine von den vieren, der Gansger nämlich, machte allemal, wenn er mich sah, seinen Hals lang, drückte ihn zum Boden herunter und fuhr zischend auf mich los. Da kam ich arg in die Bredullie und konnte mir nur, wenn ich nicht davonsauen wollte, mit Hilfe eines Steckens Respekt verschaffen.

Hatte ich die vier endlich mit »Komm, wus, wus« auf die Straße hinausgelockt, wußten sie den Weg zum Gänsegarten ganz allein. Trotzdem holte ich erleichtert tief Luft, wenn ich den Riegel an dessen Gattertor glücklich hinter ihnen zuschieben konnte. Jetzt hatte ich Ruhe vor ihnen, wenigstens bis zum Abend. Meist war jedoch der Heimweg noch schlimmer. Wurden sie da von einem Fuhrwerk erschreckt oder von einem Hund angebellt, so fingen sie an zu laufen, schnell und immer schneller, schlugen mit den Flügeln und flogen oft eine ganze Wegstrecke weit davon.

Manchmal kam mir der Großvater von seiner Werkstatt aus zu Hilfe, wenn er mich hilflos hinter den flatternden und schreienden Gänsen herlaufen sah. »Des erdenliederliche Ziefer hat den Teufel em Leib«, konnte er dann sagen. Ich wäre ihnen in diesen Augenblicken am liebsten an die Gurgel gefahren und hätte ihnen gar zu gerne den Kragen umgedreht. Aber daß sie auch gute Seiten hatten, merkte ich, wenn die Ahne jedes Jahr eine Handvoll weicher Federn in unsere Haipfel und Deckbetten stopfte, die auf unseren Spreuersäcken lagen; Bettröste hatten nur die Eltern in ihren Ehebetten. Die Ahne hatte die weißen Flaumfedern ihren Gänsen zuvor am Bauch ausgerupft, als sie fest zwischen ihre Beine geklemmt waren. Und der Flederwisch, mit dem sie ihr eisernes Waffeleisen mit heißem Schmalz aus dem Schmalzpfännle einfettete, war einmal ein Gänseflügel gewesen.

Doch jetzt zurück zur guten Stube der Großeltern, den beiden Bildern dort und dem mit der Laubsäge ausgesägten kleinen Häuschen an der Wand. In dessen offenen Türen standen ein Mann und eine Frau. Beide trugen einen Regenschirm. Er hatte den seinen aufgespannt. Das sei ein Wetterhäuschen, sagte der Ähne, und zeige an, ob Regen oder Sonnenschein komme. So richtig habe ich der Sache nie getraut, denn oft habe ich den Mann dabei erwischt, wie er mit seinem aufgespannten Regenschirm vor dem Häuschen stand, obwohl draußen vor den Fenstern die Sonne lachte.

Auf dem einen der beiden Bilder saß mein Großvater mit drei anderen Männern auf einer Bank vor unserem Rathaus, und hinter diesen standen noch fünf Männer. Alle trugen einen beerschwarzen Schnurrbart; einer von ihnen, der größte in der Mitte, hielt eine Fahne, auf der man das Wort »Kriegerverein« lesen konnte. Als ich meinen Großvater deshalb einmal fragte, ob er tatsächlich im Krieg gewesen sei, erzählte er mir, daß er beim Siebziger-

Krieg noch nicht auf der Welt und beim Weltkrieg schon zu alt fürs Kriegführen gewesen sei.

Das andere Bild war keine Fotografie. Unter ihm stand zu lesen: »Vom breiten und vom schmalen Weg«. Das sei ein ganz wichtiges Bild, meinte die Ahne mit erhobenem Zeigefinger, als sie mich einmal vor das Bild geführt hatte, das sie – zusammen mit einem riesengroßen, weit über hundert Jahre alten Weihnachtskaktus, einem schönen Schreibsekretär und einer Unmenge jahrgangsweise gebundener Monatshefte, der »Gartenlaube« – von der Weine-Tante geerbt hatte.

Eigentlich hatte sie auf mehr gehofft, damals beim Erben, aber da gab's noch andere liebe Verwandte, die geschickter dazu waren als sie, was den Großvater zu der Feststellung veranlaßte, er habe es ja schon immer gesagt, daß ein einfacher Onkel, der etwas bringe, besser sei als eine vornehme Tante, die bloß Klavier spiele.

Aber das geerbte Bild war für die Ahne von großer Bedeutung. Das merkte ich, wenn sie mir erklärte, was da alles entlang des breiten Weges an schlimmen oder gar bitterbösen Dingen in Ballhaus, Theater, Spielhölle, ja sogar in der Eisenbahn passierte, während sie in Großvaters groben Wollsocken die Löcher verwiefelte. Zum Schluß versäumte sie es niemals, darauf hinzuweisen, daß es vor allem auf Ziel und Ende des gewählten Weges ankomme. Und die waren eindrücklich und mahnend dargestellt als seliges Ruhen in Abrahams Schoß am Ende des schmalen und krummen Weges, der zuvor an gähnenden Abgründen vorbeiführte, oder als schreckliches

29

Schmachten im höllischen Feuer am Ende des breiten und geraden Weges.

Für den Großvater und mich waren jedoch aus dem Nachlaß der Erbtante die dicken Jahresbände der »Gartenlaube« viel wichtiger. So manchen langen Sonntagnachmittag lang saßen wir beide, der eine mit kalt gewordener Zigarre, der andere mit hochrotem Kopf über den Monatsheften in der Kammer, in der die Woche über die Tante Mina nähte und schneiderte. Da habe ich zum ersten Mal von der großen, weiten Welt erfahren und auch gemerkt, daß man »Fortsetzung folgt« immer an die spannendsten Stellen einer Geschichte schreiben muß.

Wenn der Ähne seinen Bienen den Honig wegnahm, durfte ich ihn ausschleudern. Dazu wurde auf dem Steinfußboden der großen Küche die blecherne Honigschleuder aufgestellt. In ihre Trommel hängte der Großvater die aus dem Bienenstock geholten Waben, entfernte zuvor mit einem großen, breiten Messer die Wachsschicht, mit der die Bienen vorsorglich ihre kleinen, mit Honig vollgefüllten Sechseckzellen verschlossen hatten. Darunter glänzte dunkel und schwer der Honig, der an die Trommelwand geschleudert wurde, wenn ich mit dem großen Triebel die Trommel langsam in Bewegung setzte. Vom ersten Honig, der dann in dickem, zähflüssigem Strahl goldfarben in den daruntergestellten Steinguthafen floß, strich mir die Ahne ein Honigbrot. Zu meinem Leidwesen machte sie es da genau so, wie beim Gsälzbrot: Sie verteilte auch den Honig nicht bis zum Brotrand hinaus! Darum war es mir viel lieber, wenn der Ähne den Gsälzhafen holte und mir ein Brot strich, womöglich sogar das Knäusle. Auch beim Mittagessen, wo ich meinen Platz auf der Schranne hinter dem Küchentisch, direkt unter dem Schüsselbrett, hatte, der Ahne gegenüber, schob er, der oben am Tischende saß, mir die besten Brocken zu. Er hielt gar nichts von dem Spruch der Ahne, daß trocken Brot die Wangen rot mache.

Von ihrem langen Tischgebet, das mit dem gemeinsam gesprochenen »Amen« beendet wurde, habe ich nicht viel verstanden. Darin hatte sie unter anderem gebetet: »Speis zugleich auch unsre Seelen, die wir Dir jetzt anbefehlen«. Unter eine Seelenspeise konnte ich mir beim besten Willen nichts vorstellen, dafür aber um so mehr unter einer Leibspeise. Zu der zählte ich die Ribeles-, die Flädles- oder die geschmälzte Brotsuppe, die Pfannkuchen, das Stürum oder die im schwimmenden Fett gebackenen Apfelküchle, Grießküchle und Dampfnudeln, die der Großvater zusammen mit Schnitz und Zwetschgen so liebte, der außer Linsen – und die natürlich mit Spätzle – kein Gemüse mochte. Trotzdem war er ein hagerer Mann, über den die Ahne manchmal sagte, daß er ganz gewiß auch im Schmalzhafen drinnen nicht fett werde. Auch mich mußte sie bei all diesen leckeren Dingen nie mahnen, daß ich ja meinen Teller voll leer essen solle. Dafür streckte ich jedoch den Kragen beim Spinat, von dem auch der Ähne sagte, daß man ihm damit vom Leib bleiben solle.

Am Tische saßen auch noch drei ledige Tanten, mit denen ich beim Essen manchmal regelrecht kidderte und damit schiergar kein Ende fand, was der Großvater nicht verputzen konnte und was ihn deswegen donderschlächtig ärgerte. Dann konnte er eine Bollenwut bekommen und mit der Faust auf den Tisch schlagen, daß Schüsseln und Teller klirrten. »Machet mr koine Fisimatente oder i laß glei e siedichs Donnerwetter nei!« rief er, »Herkulanum no amol, Schluß jetzt, basta!« und damit war dann auch alles aus und die Pfuzgerei endgültig vorbei.

Auf keinen Fall ärgern durfte ich ihn in seiner Werkstatt, sonst hätte ich nicht bleiben dürfen und damit nie erfahren, wer im Dorf mit wem gerade ging oder ein Techtelmechtel hatte, denn davon vor allem erzählten die Männer, die im Winter oft auf einen Schwätz oder zum Aufwärmen in die Werkstatt hereingekommen waren. Schöner noch als das Schnipfeln an der Schneidebank, wo meine Beine nicht lang genug waren, um das Holzstück festzupressen und wo man auch leicht einen Spreißen kriegen konnte, waren für mich das Herausklopfen von Holzzähnen für die Rechen, das Schüren mit Holzspänen im Leimofen und das Zugucken oder gar Mithelfen beim Schleifen der Werkzeuge oder der arg ausgemähten Sensen auf einem mühlsteingroßen Schleifstein. Den durfte ich drehen, nicht zu pressant, aber auch nicht zu langsam, und dabei tropfte aus einem darüber aufgehängten Blechkanister Wasser herunter. Wenn ich dann den Großvater fragte, warum er das so genau nehme beim Schleifen, dann konnte er manchmal sagen: »Weischt, Bua, guat g'schliffe isch halbe g'wetzt!«

Das Allerschönste jedoch war der Gang mit dem Ähne zum Schmied, wenn er ein Wagenrad fertig hatte. Das war auch für ihn etwas Besonderes. Ich merkte es daran, daß er sich einen neuen Stumpen anzündete, wenn er das Rad auf seinen Schubkarren gelupft hatte. Vor der Schmiede standen an diesem Tag nicht die üblichen Pferde, denen die Hufeisen gewechselt werden sollten, weil man jetzt den ganzen Platz fürs Aufziehen des großen eisernen Reifens auf das Holzrad vom Ähne brauchte. Wie das zischte, qualmte und nach verbranntem Holz roch, wenn der alte Schmied und sein Sohn, beide mit rußverschmierten Gesichtern, zuerst mit dem großen Blasebalg an der Decke Luft ins Schmiedefeuer bliesen, dann mit langen Zangen den rotglühenden Reifen aus der Glut holten und auf das Holzrad drückten! Hinterher schüttete der Schmied ein paar Eimer Wasser übers Rad, damit sich der Eisenreif abkühlte, kleiner wurde und dadurch das Holzrad fest zusammenpreßte. War der Reif noch mit ein paar großen Nägeln festgenagelt, durfte ich das fertige Rad zurück zur Werkstatt rollen, während der Großvater den leeren Schaltkarren nebenherschob. Um den Lohn eines Gsälzbrots oder gar eines Honigbrots lohnte es sich schon, dabei aufzupassen, daß das Rad unterwegs nicht umfiel.

Die schönste Erinnerung an meinen Ähne jedoch ist sein Weihnachtsgeschenk zum zweiten Christtag, den ich erlebte. Damals hatte er für mich einen Wiegengaul zusammengeleimt und hinterher auch mit Farbe angestrichen: grauweiß mit schwarzen Tupfen, wie sie auch sein Schimmel, der Max im Stall unten, hatte. Im Laufe von fünfzig Jahren haben viele Kinder auf ihm geschaukelt, und davon hat er manche Blessur davongetragen. Darum habe ich ihn vor Jahren gründlich repariert und ihm wieder seinen Originalanstrich von ehedem gegeben. Und heute reiten meine Enkel darauf, denen ich erzählt habe, daß ihr Ururgroßvater diesen Reitergaul einst selber gemacht und als Pelzmärte verkleidet, mit mir als Zweijährigem vor sich, zum erstenmal darauf geschaukelt habe.

Von anderen Holzwürmern
im Flecken

Neben den zwei Wagnern und drei Schreinern gab es im Dorf auch noch den Küfer, von dem ich lange nicht wußte, daß er gar nicht so hieß, und den Zimmermann-Fischer. Auch bei ihnen roch es, wie beim Großvater, so herrlich nach Holz. Um die Werkstatt des Küfers herum, neben der Eichenholz für Fässer, Züber und Standen kunstvoll zu meterhohen Haufen aufgebeigt war, auf die man aber nicht hinaufkrebseln durfte, herrschte immer Hochbetrieb, bevor im Spätling das Mosten begann. Da war dann der Küfer dabei, den ich – außer am Sonntag – immer mit seinem Lederschurz bekleidet gesehen habe, mit zwei Hämmern, einem kleineren und einem großen, die eisernen Faßreifen wieder festzuklopfen, neue mit der großen Reitzange anzulegen, die er dazu zwischen die Beine nahm, oder alte und schadhafte Faßdauben durch neue zu ersetzen. Meist sang oder pfiff er im Rhythmus seiner Klopferei zur Arbeit. Die alten Faßdauben sägte er für uns an einem Ende spitz zu, aber nur, wenn wir ihm zuvor beim Faßputzen kräftig geholfen und den Bosselbua für ihn gemacht hatten.
Da gab es nämlich auch Fässer, die so groß waren, daß der Küfer mit seiner Bürste beim Putzen nicht deren Boden erreichen konnte. Deswegen hatten

diese Fässer größere Faßtürchen als die anderen, gerade so groß, daß ein kleiner Junge ins Faß schlüpfen konnte. Drinnen roch es immer ganz merkwürdig, wenn wir Buben mit einer Faßbürste den Boden und die unteren Faßwände schrubben mußten. Das warme Wasser, das man zu uns hereinschüttete, und der Faßschimmel bildeten bald eine fürchterlich stinkende Brühe um unsere blutten Bubenbeine. Darum versuchten wir, möglichst schnell mit dieser nicht sonderlich beliebten und daher auch nicht besonders begehrten Arbeit fertig zu werden. Heraus durften wir aber erst, wenn der Küfer seinen Kopf zur Faßtüre hereingestreckt, alles kritisch geprüft und für gut befunden hatte. Aber die Aussicht, am Ende als Lohn ein paar neue Faßdauben zu bekommen, an die man als Bindung nur noch je ein breites Stück und einen schmalen Streifen eines alten Fahrradmantels zu nageln brauchte, um für den kommenden Winter wieder ein Paar neue Schi zu bekommen oder aber die Möglichkeit, einige alte eiserne Faßreifen zu erhalten, die man mit einem Haselnußstecken durch den Flecken treiben konnte, ließ uns alle Mühsal vergessen.

Ganz anders ging's beim Zimmermann Fischer zu. Die Leute nannten ihn nur den Millionen-Fischer, und das, weil er so millionisch schreien könne. Und tatsächlich, man hörte ihn schon von weitem, wenn er, lauthals wie ein Kornschütz, seinem Bruder Gustav Anweisungen erteilte, der mit dem hübschen Mariele verheiratet war, mit der er im Löwen unter Klavierbegleitung durch den Schwemmlesbeck für dessen Gäste ab und zu »Wilja, o Wilja, du Waldmäg-

36

delein« sang. Andere im Dorfe erzählten, er heiße
gar schon seit seiner Kindheit so. Seine Mutter habe
ihn damals geheißen, auf die Milch aufzupassen,
solange sie in den Keller gehen müsse. Sie habe ihm
noch zugerufen: »Wenn d'Milch überlaufen will, no
schreisch halt millionisch!« Und das habe er dann
auch getan und »millionisch, Mutter, millionisch«
gerufen, als die Milch aus dem Milchhafen auf den
heißen Herd gelaufen sei.

Wenn er mit seinem von zwei kleinen Kühen gezoge-
nen Pritschenwagen und dem Güllefaß darauf
durchs Dorf fuhr, baumelten darunter die Büchse
mit der Karrensalbe und hinten noch ein Eimer.
Schütteten die anderen Bauern mit ihm und der Gül-
lenschapfe draußen auf den Feldern die Gülle ans
Kraut oder an die Rüben, so brauchte er ihn schon
unterwegs, damit man seine Wagenspur nicht auch
noch mit den Augen verfolgen konnte, weil es nämlich unentwegt aus dem undichten Verschluß des
Güllefasses tropfte. Weil ab und zu, wenn die Wagenräder über ein Straßenloch holperten, auch noch
Brühe oben aus dem offenen und deswegen mit
einem Strohwisch verstopften Einfülloch heraus-
schwappte, über den dicken Bauch des hölzernen
Güllefasses lief und auf den Boden heruntertropfte,
kam er nur mit einem Teil der daheim eingefüllten
Gülle auf seinem Acker an, vor allem dann, wenn er
wegen des weiten Wegs dorthin unterwegs den
Eimer hatte mehrmals ausleeren müssen. Anfänglich
hatte er deshalb versucht, die vollgelaufenden Eimer
wieders ins Güllefaß zurückzuschütten, hatte dies
aber dann endgültig aufgegeben, als seine Kühe wäh-

rend dieser Prozedur einmal wegen eines vorbeifahrenden Autos nicht stehen geblieben, sondern urplötzlich weitergelaufen waren, so daß er mitsamt seinem vollen Eimer auf die Straße gestürzt und die Gülle über ihn gelaufen war, weil er vergessen hatte, die Migge zuzumachen. Seitdem probierte er das nicht mehr und schüttete den vollgelaufenen Eimer unterwegs auch dann in einen Acker, wenn es nicht der seine war. Aber sonst traf er recht gut, der Fischers Fritz, und dann konnte er dröhnend loslachen über seinen Erfolg. Als ich die beiden Brüder einmal auf ihrem Zimmerplatz draußen vor dem Flecken auf dem Hohen Rain besuchte, sah ich, wie die zwei einer straff gespannten Schnur entlang, der Richtschnur, mit ihren breiten Beilen aus einem Stamm einen vierkantigen Balken herausschlugen. Als er bemerkte, daß ich staunend, ein paar Meter entfernt, stehen geblieben war, richtete er sich während der Arbeit kurz auf und spuckte durch eine Zahnlücke hindurch geschickt einen langen schwarzen Strahl auf meine bloßen Bubenbeine. Dann lachte er schallend und steckte sich wieder einen neuen Schick zwischen die Zähne. Ich muß zugeben, daß ich in diesem Augenblick hin- und hergerissen war zwischen der Bewunderung über seine Treffsicherheit und dem Abscheu über die stinkende, schwarze Brühe an meinem Bein. Ja, er traf wirklich gut. Einmal hat er sogar der Mutter von meinem Bäsle in den Ausschnitt ihres Sonntagskleides getroffen, zugegeben rein zufällig und ohne jede böse Absicht, als diese an einem Sonntagmorgen auf dem Weg zur Kirche just in dem Augenblick unter seinem Fenster vorbeiging, als er dieses wagenweit aufmachte, um seinen Morgenschick loszuwerden, den er sonst gewöhnlich in den Botschamber spuckte.

Die vom vielen Schicken schwarz gewordenen Zähne habe ich dann ganz deutlich beim Jubiläum des Männergesangvereines im Garten vom Lammwirt gesehen. Da stand er mit seinen Sangesbrüdern auf der von ihm selbst gezimmerten Holzbühne und schmetterte mit Inbrunst und Hingabe seinen zweiten Baß beim »Mädle, ruck, ruck, ruck an meine grüne Seite«.

»Hau ruck!« und »Holz her!« rief er mit lauter Stimme beim Hausaufrichten und paßte wie ein Hechelesmacher auf, daß sich dabei Balken in Balken fügte und das Haus Stück um Stück emporwuchs, bis dann am Abend oben an der Pfette, dem Firstbalken, eine kleine Birke festgebunden wurde, an deren Zweige große bunte Taschentücher flatterten. Hatte er schon den Tag über das Sagen gehabt, so kam jetzt beim Richtfest, nach getaner Arbeit, sein großer Auftritt. Wenn sich alle Helfer, Handlanger, Handwerker und die Bauherrschaft versammelt hatten, stellte er sich hoch oben, dort, wo später der allerletzte Dachboden, der Katzenlauf, sein sollte, breitbeinig auf die Balken und rief mit Ludwig Uhlands Worten zu den Versammelten hinunter: »Das neue Haus ist aufgericht, gedeckt, gemauert ist es nicht.« Und dann folgten seine eigenen Reimereien, mit denen er dem Bauherren und dessen Familie alles Gute im neuen Haus wünschte. Danach steckte er den Zettel mit seinem Gedicht in die schwarze Zimmermannsjacke, tat einen tiefen

Schluck aus dem Weinglas, das ihm sein Bruder hinaufreichte, und warf das leere Glas in hohem Bogen hinab. Scherben mußte das geben, denn »Scherben bedeuten Glück«, sagten die Leute. Und nie habe ich erlebt, daß er einmal danebengetroffen hat, der Millionenfischer, der später einmal sogar den württembergischen Kultusminister Theodor Heuß, unseren ersten Bundespräsidenten, zum Lachen brachte. Doch das ist eine andere Geschichte, und die erzähle ich ein andermal.

Du sollst nicht stehlen!

Im Flecken gab's damals vier Lebensmittelgeschäfte.
Über ihren Ladentüren war »Gemischtwarenhand-
lung« oder »Kolonialwaren« zu lesen. Der Einfach-
heit halber nannte man sie jedoch nur Kaufläden
oder bloß Läden. Wer allerdings schon ein wenig in
die Welt hinausgekommen und sich dort umgesehen
hatte, bezeichnete sie eher als »Käslädle«. Dies ließ
ich jedoch nur für den fünften Laden gelten, den von
der Rösler-Mena, draußen im Zinken.

In allen anderen vier Läden kam man über die ausge-
tretene Schwelle der Türe, die beim Auf- und Zuma-
chen oben eine Glocke hin- und herbimmeln ließ,
gleich in die Ladenstube hinein. Bei der Rösler-
Mena jedoch mußte man erst eine steile Treppe hin-
aufsteigen, um die Ecke biegen, und erst dann stand
man vor drei Stufen und der niederen, dunklen
Ladentüre. Diese hatte nicht, wie die anderen alle,
im oberen Teil einen Glaseinsatz und dahinter ein
Spitzenvorhängle, sondern war nur dunkel gebeizt.
Hinter ihr verbarg sich ein ganz kleiner Laden, der
mich immer an den Kaufladen meiner Schwester
erinnerte, den ihr unser Vater für die Weihnachtszeit
von der Bühne herunterholte. Das erste, was einem
auffiel, wenn man durch die niedere Tür in den
Laden hineintrat, war, gleich rechter Hand, ein
Petroleumfaß mit einer Pumpe darauf. Die sah

genau so aus wie die Güllenpumpe auf unserer Miste daheim hinterm Haus, nur viel kleiner war sie. Mit ihr pumpte die Rösler-Mena Erdöl heraus, von dem sie mir erzählte, daß es von weither käme, sie glaube gar aus dem Orient, so genau wisse sie es jedoch nicht. Gleich daneben stand ein Holzfaß. Lupfte die Mena seinen Deckel, so lagen darin lauter Heringe in der Brühe, alle einträchtig neben- und übereinander. Die mochte ich besonders gern, schon wegen der sauren Zwiebelringe drin. Mitunter machten sich, wenn man ins Lädle hineinkam, schnell ein paar Mäuse davon, wenn sie nicht schon beim Umdrehen des Schlüssels im Türschloß oder beim Quietschen der Türe Reißaus genommen hatten. Die Rösler-Mena hat ihre Türe nie entrostet oder gar geschmiert, trotz des daneben stehenden Erdölfasses. Sie war wohl tierlieb und wollte die ängstlichen Tierchen rechtzeitig warnen. Und weil das Schaufenster gerade so groß war, daß ich meinen Unterarm in der Breite und in der Höhe hineinlegen konnte, herrschte, trotz der Lampe überm Ladentisch, im Lädle immer ein Dämmerlicht wie zwischen Tag und Siehstmichnicht.
Einmal sollte ich dort Zimtstangen holen. Die Rösler-Mena war jedoch nicht da, und ihr Mann, der Albert, fand in dem liebenswürdigen Durcheinander des Ladens das gewünschte Gewürz nicht. »Nimmscht halt ebbes anders mit für dei Geld«, meinte er und drückte mir einen Vierling Backsteinkäs in die Hand. »Etzetle hosch wenigstens koin Metzgersgang g'macht!«
Sonst kauften wir bei Reichs ein, weil nämlich die

Familie Reich, wie wir auch, zur kleinen methodistischen Gemeinde im Dorf gehörte, und weil der Christian Reich der richtige Onkel meiner Mutter war. Ich hatte ihn sehr gerne. Er war ein gütiger und liebenswerter alter Mann, zu seinen Kühen gleich gut wie zu den Menschen. Eigentlich war er beinahe etwas zu gut für diese Welt. Nie habe ich ihn die Vordere oder gar die steilere Hintere Gasse auf seinem Wagen hinauffahren gesehen, immer lief er täppelnd mit kleinen Katzenschritten neben seinem Kuhfuhrwerk her.

Seine Frau, die Nane-Bas, kam nach dem Scheppern der Ladentürglocke mit schlurfenden Schritten, dabei leicht gebückt gehend, die eine Hand auf dem Rücken, aus ihrer Wohnstube über eine hohe Stufe in den Laden herab, in dessen Mitte beherrschend ein großer, brauner Ladentisch stand und wo es so herrlich nach allem möglichen roch. Über ihre Brillengläser hinwegblickend, fragte sie dann: »Was darf's denn sei?« Wenn sie mich beim Näherkommen erkannt hatte, sagte sie jedesmal: »Jo, meiner Lebdag, des bisch jo bloß du?« Über das Wörtle »bloß« vor dem vertrauten »du« war ich immer ein wenig traurig, jedoch dann schnell wieder versöhnt, wenn sie aus einem hohen Glas ein rotes Himbeerbonbon herausholte und es mir über den Ladentisch herüber zuschob. Und dann kaufte ich ein, was mir die Mutter alles aufgetragen hatte: ein Pfund Salz und ein Pfund Zucker, manchmal auch einen Hering in der Brühe, den ich vorsichtig in einem Suppenteller heimtragen mußte, ein Päckle Zichorie, mit dessen rotem Einwickelpapier meine Schwester sich immer die Backen rot färbte, und ein Schächtele Schuhcreme für die Sonntagsschuhe, möglichst vom Pilopeter, für den schon einmal ein Mann, wie ein Riese so groß, auf Stelzen werbewirksam durchs Dorf stolziert war. Als ich lesen konnte, gab mir die Mutter einen Einkaufszettel mit. Nie standen darauf Obst oder Gemüse, die wuchsen bei uns im Garten oder auf der Wiese, und schon gar nicht Mehl, Spätzle, Suppen- oder breite Nudeln, denn das Mehl brachte uns im Tausch gegen den ausgedroschenen Weizen der Müller Eble von Mühlhausen ins Haus. Der fuhr jede Woche einmal mit einem großen und sehr stabilen Leiterwagen, schwer beladen mit Mehlsäcken, durch die Dorfgassen, ließ da und dort seine beiden starken Rösser, deren Hufe immer schön schwarz glänzten, anhalten, schulterte dann zentnerschwere Mehlsäcke und trug sie in den Häusern die steilen Treppen hinauf bis oben auf die Bühne, wo er das Mehl in die Mehltruhe schüttete. Daraus machte die Mutter die von mir über alles geliebten Nudeln, und ich durfte dabei den Teig durch die Nudelmaschine treiben. Dazu drückte ich den plattgedrückten Teig in deren zweigeteilten Trichter, setzte sie mit dem Triebel in Bewegung, und unten kamen entweder feine Suppennudeln oder breite Nudeln in endlos langen Bändern heraus. Die wurden dann zum Trocknen in der Schlafstube auf die Ehebetten der Eltern gelegt, über die die Mutter zuvor ein großes Leintuch geworfen hatte.

Wenn ich bei der Nane-Base alles eingekauft, was auf meinem Zettel stand und sie alles in Gucken verpackt hatte, nahm sie ihre Kreide, schrieb mit ihr die einzelnen Preise fein säuberlich untereinander auf den braunen Ladentisch, vergaß auch nicht den Strich unter den Zahlen und das Plus-Zeichen davor und begann – dabei laut von unten nach oben zählend – die Schuldsumme auszurechnen. Zur Kontrolle – diesmal abersche rechnend – machte sie anschließend die Probe, verkündete mir das Ergebnis, bevor sie, mit dem Ärmel ihres Kleides über den Ladentisch wischte und alles wieder tilgte. Meist reichte mein Geld; wenn ich aber doch einmal nicht genügend dabei hatte, was selten vorkam, weil die Mutter das Schuldenmachen nicht liebte, schrieb die Nane-Bas unseren Namen und dahinter die Schuldsumme in ein schwarzes Buch zu vielen anderen Namen und Zahlen. Dazu feuchtete sie einen blauen Kopierstift mit ihrer Zunge an, der dann im Buch einen untilgbaren Eintrag, aber auch auf ihrer Zunge und den Lippen eine dunkle Spur hinterließ.

Im Laden der »Reylere« kannte ich mich auch gut aus, weil ich dort täglich für den Ähne einen Zehnerstumpen holten mußte. Im Sommer, so sagte er zur Ahne, die damit gar nicht einverstanden war, im Sommer brauche er einen Stumpen, wenn er zu seinen Bienen gehe, und im Winter sei es in seiner Wagnerwerkstatt manchmal recht kalt und zugig, und im übrigen gelte: Wer lange rauche, lebe auch lange.

Unbekannt geblieben war mir jedoch über viele Jahre hinweg der Laden von »Ralls«, bis es eines Tages hieß, dort sei ein »Stupfapparat« angebracht worden. Das hatte sich schnell in der Schule herumgesprochen. Und als ich, unwiderstehlich davon angezogen, zum erstenmal in den Laden kam, hing

da an der Wand an einem eisernen Kloben ein flaches Metallgehäuse, etwa so groß wie heute ein Briefmarkenautomat. Ich sehe ihn immer noch vor mir in seiner unscheinbaren grauen Farbe, mit den vielen winzigen Löchern auf der Vorderseite, alle mit Pappe von innen verschlossen. An seiner Seite baumelte ein Stift an einer Schnur, mit dem man diese Pappe durchstoßen und in den Kasten hineinstupfen konnte. In seinem Innern rollte dann eine Kugel hin und her. Man konnte sie gut hören und ihren Weg richtig verfolgen, bevor sie unten in ein Fach fiel. Von ihrer Farbe – golden, silbern oder schwarz – hing es ab, was man mit seinem Einsatz gewonnen oder verloren hatte. Der betrug in jedem Falle zehn Pfennige. Die aber hatte ich nicht, und ich wußte auch keinen Weg, sie mir zu verdienen, nachdem es mir nicht gelungen war, aus meiner Sparbüchse einen Zehner herauszuschütteln. Ich hatte es oft und oft probiert. Aber aus der Büchse, auf deren einer Seite ein kleines Haus abgebildet und der Spruch zu lesen war »Klein – aber mein« und auf deren anderer Seite – gleichsam meinen Plan verhöhnend – stand »Wer den Pfennig nicht ehrt, ist des Talers nicht wert«, war nichts, aber auch gar nichts herauszukriegen. Und so wurde ich zum Dieb.
In einer Kaffeeschüssel im Küchenschrank bewahrte die Mutter ihr bißchen Kleingeld auf. Und daraus holte ich dann eines Tages, meinen Herzschlag spürte ich dabei bis zum Hals hinauf, zwanzig Pfennige heraus. Fast wäre mir dabei die Kaffeetasse auf den steinernen Küchenboden hinuntergefallen, als ich, auf dem Küchenhocker stehend, beinahe das

Gleichgewicht verlor. Wie zum Hohn kamen dann beim Stupfen zweimal schwarze Kügelchen, anstatt der erhofften silbernen oder gar goldenen.

Viel mehr als die kräftigen Schläge mit dem Battscher, die mir der aufgebrachte Vater verabreichte, hat mich der traurige Blick der Mutter getroffen, als ich ihr nach anfänglichem Leugnen und Herumgacksen endlich den Diebstahl gestanden hatte. Seitdem habe ich ihr nie mehr etwas weggenommen. Seit damals weiß ich aber auch, wie schwer es für Kinder ist, einer übergroßen Versuchung zu widerstehen.

Als Bimmler mit den Glocken
auf du und du

Sie steht mitten im Dorf, erhöht auf einem Hügel, unsere Dorfkirche. Tritt man von der Giebelseite oder auf der Längsseite durch eine Tür, in deren Umschrift sich ein »maister iacob hoß Stainmetz von nürtingen« als Baumeister von 1522 kundtut, so steht man unvermittelt in einem kleinen anheimelnden Kirchenschiff mit einer wuchtigen Empore, die einst um den halben Raum lief und an deren Brüstung die Konfirmanden jedes Jahr Mooskränze mit weißen Papierrosen und lange Girlanden aus Tannenreisig aufhängten. Auf der Orgelempore saßen die Männer und auf der Längsempore die konfirmierten Buben und die jungen Burschen.

Wir Schulerbuben hatten unseren Platz in den einfachen, roh gezimmerten, mit schmutzig-brauner Farbe angestrichenen und recht unbequemen Bänken im Chor, der sich in die dicken Mauern des Kirchturms, des ältesten Teils des ehrwürdigen Bauwerks, duckte. Dort saß die ganze Schüler-Bagasch, bewacht vom alten Mesner Jentner. Unsere Mädchen dagegen mußten draußen im Schiff, hinter dem Stand der Frau Pfarrer sitzen. In der ersten Bankreihe hockten bei uns die Läutebuben. Vor ihren Plätzen baumelten zwei Glockenseile von der Decke herab. An ihnen mußten wir mit aller Macht ziehen, wenn die Glocken geläutet werden sollten. Das geschah an den Werktagen vormittags »om elfe« und am Nachmittag »om viere«, den Winter über jedoch schon »om drui«, und abends, wenn es eben dunkel werden wollte.

Wurde jemand beerdigt, so waren von uns nicht nur die gefordert, die an den Glockenseilen zogen, sondern meist die ganze Bubenschar unserer Klasse, acht an der Zahl. Hatte nämlich der Tote draußen im Flecken, im Zinken also, oder droben im Oberdorf gewohnt, so stand dem gemessenen Schrittes daherziehenden Trauerzug, in den sich nacheinander die vor ihren Häusern wartenden Trauergäste einfügten, ein weiter Weg vom Trauerhaus bis zum Kirchhof bevor. Da war es dann notwendig, daß die Leichenträger, das waren immer die Nachbarn des Toten, unterwegs den schweren Holzsarg mehrmals abstellen konnten. Dazu schob ihnen der neben dem Sarg gehende Totengräber zwei schwarz angestrichene Holzböcke unter den Sarg, den sie nunmehr von den Schultern nehmen und darauf abstellen konnten. Während der Leichenchor unter der Leitung seiner Dirigentin zu Herzen gehende Gesänge aus Abels »Hundert geistlichen Liedern« anstimmte, konnten die Männer ein wenig ausruhen. In dieser Zeit mußten die Glocken, die gleich nach dem »Wohlauf, wohlan zum letzten Gang« des Pfarrers vor dem Trauerhaus mit lautem Klang begonnen hatten, stille schweigen, um dann – nach dem erneuten Schultern des Sarges – aufs neue ihren Klagelaut zu erheben. Damit dies alles geordnet nacheinander und nicht zur gleichen Zeit geschah, waren »Winker« notwendig. Das waren wir Buben, die einander von einem Rank zum anderen, das meint von einer Straßenbiegung zur nächsten, mit einem Taschentuch zuwinkten und damit die Kirchenstaffel hinauf und in die Kirche hinein das Signal gaben, wann mit der Läuterei aufgehört und wann dapfer, dapfer wieder damit begonnen werden sollte.

Am Sonntagmorgen wurde eine volle und eine halbe Stunde vor Gottesdienstbeginn mit der kleinen und zum Gottesdienst selbst mit zwei Glocken geläutet. »Es läutet scho z'samme!« sagten dann die Leute, zuvor hatte es nur »geschellt« und »zum andern« geläutet. In strengem Rhythmus zogen wir an den beiden Glockenseilen, die durch die einfache Kreuzgratgewölbedecke bis ins dritte Turmgeschoß hinauf zu den Glocken reichten. Am Seil der großen Glocke wechselte man sich ab, denn nach einer Weile mußte man eine kleine Pause einlegen, um neue Kräfte zu schöpfen. Dieser »fliegende Wechsel« – mitten im Läuten – war gar nicht einfach, weil man genau den Rhythmus des anderen übernehmen und weiterführen mußte. Worauf wir uns jedoch am meisten freuten, war das Ende des Läutens. Da mußte nämlich der Schwung der Glocken abgebremst werden, die hoch oben im Glockenstuhl hin- und herschwangen und durch die Turmläden hinaus die Leute zur Kirche riefen, die kleine schnell und geschäftig, die große langsamer und bedächtig. Dazu hängten wir uns einfach an die Seile, ließen uns von ihnen hochtragen, kamen wieder auf die Beine, dabei ein wenig in die Hocke gehend, und wurden noch einmal hochgehoben, aber nicht mehr so weit

wie beim ersten Mal. Und meist schon beim drittenmal konnten wir mit einem kleinen Hupfer und ent-
sprechendem Nachfassen das Seil zum Stillstand und
die Glocke zum Schweigen bringen. Dann klemm-
ten wir das griffige Hanfseil hinter einen Eisenhaken
an der Wand, dort, wo der Mesner seinen Platz
hatte, und die Orgel auf der Westempore begann zu
spielen.

Zuvor hatte der Orgeltreter, das war der alte Sayle aus
dem Gemeindehaus, den Blasebalg gehörig mit Luft
vollgepumpt, damit dem Herrn Lehrer auch genug
davon für sein Vorspiel zur Verfügung stand. Mitunter schaute dieser mit strengem und tadelndem Blick
nach seinem Orgeltreter hinüber, wenn dieser gerade
einen neuen Schick auspackte und ihn sich in den
zahnlosen Mund stecken wollte und dabei vergessen
hatte, einen der beiden Schieber mit Hilfe seines ganzen Körpergewichts im Wechsel nach unten zu drük-
ken, damit aus dem Blasebalg, der oben auf dem
ersten Kirchenboden montiert war, Luft in die Orgel-
pfeifen strömte. Wir Buben hatten unsere Freude
daran und stießen uns gegenseitig mit den Ellbogen
an, wenn die Orgel deshalb mitten im Choral zu piep-
sen begann oder ganz auszusetzen drohte. Für den
kleinen und leichtgewichtigen Orgeltreter war das
eine harte Arbeit. Zu allem hin konnte er während
der Predigt nicht schlafen, zumindest nicht gegen das
Ende derselben, denn gleich nach dem »Amen« des
Pfarrers mußte die Orgel ja mit Luft für das sich
anschließende Predigtlied versorgt werden.

Eines Tages hieß es jedoch, die Luft für die Orgel
besorge jetzt ein Elektromotor. Für mich hat von da

an etwas im Gottesdienst gefehlt. Von meinem Platz aus im Chor hatte ich bisher nämlich so richtig schön das Auf und Ab des Orgeltreters verfolgen können, sah das Nachlassen der Lautstärke beim Spielen regelrecht kommen, wenn der alte Sayle wegen seines Asthmaleidens nicht schnell genug Luft beschaffen konnte. Ganz hehlinge malte ich mir die Reaktion des Organisten aus, der dann die Hände von den Tasten nahm, damit herumfuchtelte und seinen »Kollegen« demonstrativ aufforderte, ihn nicht »verhungern« zu lassen. Bisher hatte ich meine helle Freude daran gehabt, wenn die Luft gerade an entsprechenden Textstellen nachließ oder gar ganz wegblieb oder wenn der alte Sayle offenbar einen anderen Choral trat als den, den der Organist spielen sollte.

Von der Predigt habe ich nie viel verstanden. Zwar habe ich, als ich lesen konnte, im Gesangbuch fleißig den Text mitgelesen, der für die Predigt ausgewählt war. Aber wir Buben hatten während der Predigt so viel zu tun, daß wir damit vollauf beschäftigt waren. Derweilen döste der Mesner Mattheis vor sich hin, wachte jedoch immer rechtzeitig auf – wie er das schaffte, habe ich stets bewundert –, um mit sicherem Griff das Glockenseil fürs Vaterunserläuten aus dem Haken hinter ihm zu lösen. Einmal jedoch döste er weiter, so daß der Pfarrer sich am Altar umdrehen und ihm zurufen mußte: »Wo bleibt das Vaterunserläuten?« Darauf schreckte der Mattheis hoch und antwortete – in Gedanken noch ganz an seinem Lieblingsort – »ond i sag: nomal en Schoppe!« Gelacht hat damals jung und alt, und auch der Pfarrer konnte nicht ganz ernst bleiben, als er hinterher abkündigte, wer in der vergangenen Woche gestorben sei und wann der nunmehr beerdigt werde. Mir muß er besonders vertraut haben, der Mesner-Mattheis, mehr jedenfalls als den anderen, vielleicht, weil ich recht degenmäßig war und mich nicht getraute, während des Gottesdienstes Faxen und Fisimatenten zu machen, ihn beim Schlafen zu stören oder absichtlich die Glockenseile am Ende des Läutens loszulassen, so daß diese ziellos hin- und herschlugen, wobei sie einmal gar dem Kruzifix auf dem Altar einen Arm abrissen.

In den Heu- oder Ernteferien durfte ich oft mit ihm gehen, wenn er nach dem Elfuhrläuten, dem Weiberschrecken, wie die Alten es nannten, weil es die Frauen vom Feld heim zum Kochen treiben sollte, in den Turm hinaufstieg, in den nur wenig Licht durch die geschlossenen Fensterläden hereinfiel, um die Kirchenuhr aufzuziehen. Dann stapfte ich hinter ihm über die Emporetreppe, lief über den großen Dachboden, wo man früher den Hopfen trocknete, am mächtigen Blasebalg der Orgel vorbei, hinüber in den Turm und kletterte im Halbdunkel mit bangem Atem höher und höher, bis der Mesner vor einem Glasgehäuse stehen blieb, in dem es wunderlich tickte und wo große und kleine Zahnräder einander ällsgemach oder pressant weiterschoben. Mitunter begann es darin geheimnisvoll zu rasseln, bevor oben in der Glockenstube ein Hammer donnernd an den Rand der Betglocke oder der größeren Stundenglocke schlug. Nie vergaß der Mesner, mir dann vorher mahnend zuzurufen: »Koi Angscht, jetzt schlägt's glei. Heb de fescht!« Hinterher steckte er eine große Kurbel, ein paarmal so groß wie die, mit der ich daheim unsere Nudelmaschine in Bewegung setzte, in den Glaskasten und begann, sie langsam zu drehen. Dadurch wurden die beiden riesigen Eisengewichte, die an langen Stahlseilen in den Kirchturm hinunterhingen, langsam und rasselnd aus der Tiefe des Turmes wieder nach oben gezogen. Zum Abschluß holte er seine Taschenuhr mit einer langen Uhrkette aus seiner inneren Jackentasche, ließ deren Sprungdeckel aufklappen und verglich ihre Uhrzeit mit dem Zeigerstand auf dem kleinen Zifferblatt am oberen Ende des Glasgehäuses. Genüßlich lachend sagte er dann, mit anerkennendem Unterton in der Stimme, weil sie beide meist dupfengleich waren, halb zu mir gewandt und halb zu sich selber: »Gell, Alterle, do glotsch!«

Vor den Glocken hatte ich großen Respekt. Beide waren sie größer und sicherlich auch viel, viel schwerer als ich. Auf dem unteren breiten Rand der großen und weit über 400 Jahre alten Glocke entdeckte ich Buchstaben, deren Worte mir der Mesner langsam und sie beinahe buchstabierend vorlas. Da stehe: »Hilf got u. maria, Bernhart Lachamann goß mich anno 1511.« Als ich später einmal allein neben ihnen stand, schlug ich mit dem mächtigen Klöppel beherzt an den breiten Glockenrand. Ängstlich blickte ich hinterher durch die Turmläden aufs Dorf hinunter, das von hier oben so ganz anders aussah. Doch niemand schaute zu mir herauf, und auch der Büttel oder der Mesner kamen nicht zur Kirche gerannt, wie ich befürchtet hatte.

Einmal, in den Sommerferien, durfte ich eine ganze Woche lang jeden Morgen den schweren Schlüsselbund mit allen Kirchenschlüsseln bei ihm daheim abholen, ganz allein um elf und um vier Uhr läuten, pünktlich nach dem jeweiligen doppelten Stundenschlag, damit man daheim und draußen auf den Feldern wußte, daß es Zeit zum Kochen oder Vespern war. Am Abend brachte ich die Schlüssel wieder zurück, damit der Mesner selber beim Einbruch der Dunkelheit das »Ufemerge-Läuten« besorgen konnte. Das war für uns kleine Leute das unüberhörbare Zeichen zum schleunigen Heimgehen. Dann mußten wir alle Spiele abbrechen und schnell nach Hause laufen, um ja keine Schelte zu bekommen oder gar vom »Nachtkrabb« erwischt zu werden, der – so erzählten die Alten – von jetzt ab sein schauerliches Unwesen treibe.

Erst viele Jahre später habe ich dann gemerkt, daß dieser letzte Glockenruf am Abend einst das Läuten zum »Aufmerken«, Innehalten und Stillewerden, ursprünglich gar ein »Ave-Maria-Läuten« gewesen ist, also ein Aufruf zu Gebet und Lobpreis Gottes. Und einen schöneren Abschluß des Tages, und dazu den vertrauten Klang der heimatlichen Glocken, kann ich mir auch heute kaum denken.

Ga, ga, ga, gack, der Has hat g'legt

War der letzte Schnee von den Wiesen im Brühl weg-
geschmolzen, trafen wir uns dort zum Spächteln.
Dazu hatten wir aus möglichst hartem Holz etwa 50
Zentimeter lange Stecken zurechtgeschnitten und sie
vorne zugespitzt. Jetzt galt es, diesen Spächtel mit
einem kräftigen Schwung möglichst tief in den feuch-
ten Wiesengrund hineinzuwuchten. Die Aufgabe
jedes Spielers bestand darin, mit dem eigenen Stekken die der anderen aus dem Boden herauszutrei-
ben. Wessen Spächtel nicht mehr im Boden steckte,
mußte ausscheiden. Gewonnen hatte derjenige, dessen Stecken als letzter übrig blieb. Zu diesem Treiben war ein feuchter Wiesenboden die beste Vorbe-
dingung.
Feucht, jedoch auf keinen Fall naß, sollten die Brühlwiesen zum Ostereierwerfen am Ostermontag sein.
Waren sie nämlich zu naß, so versanken die gefärbten Ostereier im Boden und waren für immer verloren. Denn beim Werfen setzten wir Buben unsere
ganze Kraft ein. Es ging darum, die Eier möglichst
weit zu werfen. Trafen sie dann auf den Boden, war
es gut, wenn dieser weich und der Aufprall nicht gar
so hart war. Manche von uns hatten darum in der
Karwoche ihre Ostergaggele möglichst lange im sie-
denden Wasser gekocht, bevor sie mit Zwiebelscha-
len oder dem Kaffeesatz braun gefärbt wurden. Gin-

gen sie beim Aufprall trotzdem in die Brüche, wurden sie gleich an Ort und Stelle geschält und mit Genuß verspeist, nicht ohne jedoch zuvor den Dotter zu befragen, ob man ein Engele oder gar ein Teufele sei.

Die Mädchen rugelten ihre Eier meist bloß so vor sich her. Wir Buben belächelten sie ob ihrer Ängstlichkeit. Mehr Mut bewiesen sie, wenn sie ihre Eier mit den Worten »Spitze-Arsch« gegeneinander klopften. Wessen Ei dabei einen Riß oder gar ein Loch bekam, mußte es der Siegerin überlassen.

Mitunter versuchten auch einige Mädchen, mit einem gefärbten Stopfei aus Holz dabei möglichst viele Eier zu ergattern. Wie sie es anstellten, immer noch Eier zu haben, wenn unser Vorrat längst schon aufgegessen war, ist mir bis heute ein Rätsel geblieben.

Am Tag zuvor, dem Ostermorgen, möglichst gleich nach dem Aufstehen, hatten wir die Ostergaggele suchen müssen. Deswegen war die Mutter an diesem Tag noch früher als sonst aufgestanden und hatte das Moosnest mit den braun gefärbten Eiern im Garten, bei schlechtem Wetter in der Scheune oder in der Holzhütte versteckt. War sie endlich damit fertig, während wir schier verbobberten und verzwatzelten, rief sie: »Ga, ga, ga, gack, d'r Has hat g'legt!« Dann durften wir uns endlich auf die Suche machen. Nie habe ich jedoch den Eier legenden Hasen gesehen oder gar erwischt, obwohl ich immer sofort als erster losgerannt bin.

Auch wenn ich inzwischen längst weiß, wie es zu dieser merkwürdigen Verbindung von Ei und Hase am

Osterfest gekommen ist, rufe ich meinen Enkeln am Ostermorgen, genau wie es meine Mutter getan hat: »Ga, ga, ga, gack, d'r Has hat g'legt!«

»Pfingsten, das liebliche Fest...«

Ein ganzes Jahr mußte man auf ihn warten, und ein ganzes Jahr lang konnte man hinterher von ihm zehren, von unserem großen und im weiten Umkreis bekannten Vieh- und Krämermarkt am Pfingstmontag.

Für uns Buben begann alles schon einige Tage vorher, dann nämlich, wenn die bunten Wagen, beladen und vollgepackt mit den Einzelteilen von Schiffschaukel, Karussell und Schießbude, ins Dorf hereinfuhren, gezogen von einem tuckernden, vollgummibereiften Lanzbulldog, der offensichtlich froh war, am Ziel seiner Reise zu sein. Die Tage vor dem Pfingstfest waren ausgefüllt mit dem Aufbau. Jedes Jahr staunte ich aufs neue darüber, wie die vielen Einzelteile, die wir aus den Holzwagen herausschleppten, sich am Ende doch zu einem sinnvollen Ganzen zusammenfügten, und wie die Karussellmänner das so genau wußten, wenn sie uns zuriefen, dieses Brett hier- und jenen Balken dorthin zu tragen. Für die Mithilfe bekamen wir, je nach der aufgewandten Zeit, eine oder zwei Freikarten. Eine solche konnte man jedoch auch bekommen, wenn man den Leuten am Abend ein Kännlein voll frische Kuhmilch brachte, denn essen und trinken mußten diese von mir so bewunderten Leute auch. Deshalb stieg um die Mittagszeit aus dem dünnen Blechschornstein ihres Wohnwagens eine feine Rauchfahne, die anzeigte, daß das Karussellweib für ihren Mann und die Gehilfen etwas kochte. Einmal habe ich, angelockt von dem Bratenduft, wunderfitzig in diesen Wagen hineingeguckt und war arg enttäuscht über die gar einfache Einrichtung. In meiner Phantasie hatte ich es mir ganz anders vorgestellt da drinnen. Und dann am Samstagabend war alles aufgebaut: die Schiffschaukel vor dem Schulhaus, das Karussell hinter den Hecken, die um unser Kriegerdenkmal herum gepflanzt waren und einmal im Jahr, eben zu Pfingsten, zurechtgeschnitten wurden, und die Schießbude bei der Schmiede, wo ich mich gut auskannte, weil ich manchmal mit dem Großvater dort war, wenn der alte Schmied mit seinen beiden Söhnen zischend und rauchend glühende Eisenreifen auf die vom Großvater gebauten Wagenräder aufzog. Angelockt durch die weithin hörbaren und mir bis in den Schlaf hinein vertrauten Klänge der elektrischen Orgel an der Schiffschaukel fanden sich auch die ersten spärlichen Besucher ein. Meist waren es junge Burschen. Sie prüften mit Kennerblick die schwankenden Schiffchen und probierten, ob sie noch, wie im letzten Jahr, so ein kleines buntbemaltes Schiffchen so weit in die Höhe schaukeln konnten, daß man darin Kopf stand und die eisernen Stangen, an denen es aufgehängt war, oben am Firstbalken anschlugen, über dem auf großen, bunten Ölbildern röhrende Hirsche vor schneebedeckten Bergen standen oder Schiffe in stürmischer und aufgewühlter See mit haushohen Wellen kämpften. Dann war es jedoch allerhöchste Zeit, daß der Schiff-

schaukelmann versuchte, den Schwung des Schiff-
chens abzubremsen. Das tat er mit Hilfe eines Eisen-
gestänges, das er hineinstieß. Dadurch richtete sich
eine Holzplanke schräg auf, stellte sich dem herab-
sausenden Schiffchen in den Weg und bremste dessen Schwung merklich ab. Kein Wunder, daß deshalb die Burschen in den Schiffchen »Aufhören, du
Hutsimpel!« riefen. Wenn sie es gar zu arg trieben,
mußte der arme Mann von einem Schiffchen zum
anderen rennen und sich obendrein noch »Horn-
ochs, Hurgler, Lällenpäppel, Scheurepurzler« und
andere blumenreiche Anreden gefallen lassen.
Dann klatschten auch die ersten Bleikügelchen aus
den Luftdruckgewehren mit einem hellen »klick«
gegen die Wellblechrückwand der Schießbude. Mitunter spritzte ein kleines Gipsröhrchen von ihnen
getroffen auseinander, und eine bunte Blume fiel als
Trophäe zu Boden. Am Samstagabend begannen
auch die ersten Runden auf dem Kettenkarussell.
Unter einem Zeltdach aus blauem Tuch, von unten
nur über eine Leiter erreichbar, standen wir Buben
auf einem Bretterboden und schoben das Karussell
an. Das war eine richtige Teamarbeit. Läutete der
Karussellmann unten seine große Glocke, so hieß
das für uns oben, an den von der Mittelsäule stern-
förmig ausgehenden Balken anzuschieben, erst langsam
und dann immer schneller, damit die an langen Ketten daran aufgehängten Sesselchen weit hinausge-
schwenkt wurden. Wenn darin ganz Wagemutige
saßen, stießen diese andere Mitfahrende mit ihren
Sesselchen noch weiter nach oben und außen, daß
sie in großem Bogen und mit viel Schwung wieder

hereinsausten und sich dabei manchmal auch noch um sich selber drehten. Beim zweiten Glockenzeichen durften wir auf den Balken aufspringen, an dem wir zuvor mit aller Macht geschoben hatten, und das Karussell drehte sich dann nur noch mit der ihm von uns zuvor vermittelten Beschleunigung, dabei langsam und langsamer werdend, bis der Mann zum drittenmal den Lederstreifen mit dem Metallklöppel gegen die bronzefarbene Glocke schwang, worauf wir leider von unserem Balken herunterhüpfen und das Karussell abbremsen mußten, indem wir uns der Bewegung entgegenstemmten und uns dabei auf dem Bretterboden mitschleifen ließen.

Am Samstagabend brachten wir es kaum auf zehn Runden. So viele waren jedoch nötig, um unten in einem der Sesselchen eine Freirunde fahren zu können. Die konnten wir uns am Samstagabend darum in den Kamin schreiben. Auch am Pfingstsonntag war noch nicht viel los, obwohl wir uns alle heidenmäßig abrackerten.

Das änderte sich jedoch schlagartig, wenn am Pfingstmontag, nach dem Vormittagsgottesdienst, die Leute aus der Umgebung ins Dorf strömten. Es war wirklich ein ununterbrochener Menschenstrom, der sich dann von Stand zu Stand weiterschob! Was konnte man an ihnen nicht alles kaufen – wenn man Geld hatte. Unser Marktgeld hatten wir am Morgen vor dem Gottesdienst bei den Großeltern, den Tanten, der Dote und beim Döte geholt. Manchmal gaben auch die Eltern noch etwas dazu, so daß es Jahre gab, wo wir ganze fünfzig Pfennig unser eigen nennen konnten. Dann fing die Qual der Wahl an. Sollte man sich dafür Magenbrot, Bärendreck, türkischen Honig, beim Hornung aus Perouse ein Fünfer- oder ein Zehnereis, einen Luftballon oder gar eine Wundertüte kaufen? Wo aber blieb dann das Geld für die ersten Versuche, mit aufgestützten Armen das schwere Luftgewehr so ruhig zu halten, daß man mit ihm – wie die großen Leute auch – so ein weißes Gipsröhrchen traf? Oder von was sollte man nun die Gautschversuche an der Schiffschaukel bezahlen? Und das war wahrhaftig nicht einfach, die Schiffchen durch geschicktes Verlagern des Körpergewichts in Bewegung zu setzen, obwohl alles beim Zugucken so hopfenleicht aussah. Freilich kamen wir mit ihnen nie so hoch wie jene Allerweltskerle, denen beim Kopfstehen in ihren Schiffchen oben am Firstbalken oft Geldbeutel oder Brieftasche aus der Hose rutschten und herunterfielen, was von den Zuschauern mit staunendem »Ah« und »oh« oder gar mit spitzen Angstschreien quittiert wurde.

Ich habe mich beim Kauf meist zuerst für Magenbrot und dann für einen Luftballon entschieden, der jedoch gerne platzte, wenn es im Gedränge gar zu eng wurde, oder der zu meinem Entsetzen in einem unbedachten Augenblick einfach davonflog, dabei sich aber so leicht und tänzelnd über die Köpfe der Menge hob und davonschwebte wie der fliegende Robert im Struwwelpeter-Bilderbuch, so daß ich ihm gar nicht böse sein konnte. Das Restgeld reichte dann gerade noch zu Pfefferminz, einem Fünfereis und einem Schlotzer.

Einmal jedoch kauften wir – ein paar Nachbarsbuben und ich – uns fürs ganze Geld kleine Tonpfeifchen, deren braune Pfeifenköpfe mit vielen bunten, kleinen Kügelchen gefüllt waren. Um die war es uns aber nicht zu tun. Sie mußten wir zu dem vorgesehenen Zweck eben in Kauf nehmen.

Wenn sich der Markt am Dienstag längst verlaufen hatte und alles wieder abgebaut und in den Wagen verstaut war, begann für uns die Suche nach den Hinterlassenschaften. Da konnte man nicht eingelöste Karten finden, ganze Stücke brauchbaren Bindfadens, Schrauben und krumme Nägel, die wir wieder gerade klopften, und manchmal sogar verloren gegangene Geldstücke. In jenem Jahr aber, als wir die Tonpfeifchen gekauft hatten, suchten wir nach Zigarettenkippen. Die steckten wir uns in die Hosentaschen, schälten daheim den braunen Tabak aus dem Zigarettenpapier und stopften damit die kleinen Pfeifenköpfe voll. Klopfenden Herzens hielten wir ein brennendes Streichholz daran und zogen kräftig, um bald nach den ersten vollen Zügen loszuhusten. Einige brachten es aber doch auf etliche Züge, ließen jedoch plötzlich ihr Pfeifchen zu Boden fallen, weil wir nicht bedacht hatten, daß Ton ein ganz ordentlicher Wärmeleiter ist.

So kam es in jenem Jahr nicht zu dem geplanten Kampf zweier miteinander verfeindeter Indianerstämme, an dessen Ende – als Höhepunkt des gegenseitigen Friedenswillens – erstmals hätte die Friedenspfeife geraucht werden sollen.

Heuwagen beim Gasthaus zum Lamm.

*Der isch glücklich, wo hot, was er braucht, ond braucht,
was er hot.*

I

Das Fabrikle im »Zinken«.
Liaber e kleiner Herr als e graußer Kneacht.

Am Sonntag im Außendorf.
E Stück Brot em Sack isch besser als e Feder am Huat.

III

Abb. oben:
Mit Sense und Mähmaschine.

Wer net zom Mischtsproite goht, därf au net zom Schneida komma.

Abb. links:
Alle herschauen!

Wenn no älle Leut so wäret wie i sei sott!

In der Ernte.
Viel Händ send überall guat, bloß net en dr Schüssel.

Kuhgespann mit Garbenwagen.
Mr hot no nia gschnitta, wo net gsät gwäa isch.

Pferdefuhrwerk mit Güllewagen.
A Güllafaß henter sich isch besser wia a Wefzg em Anka.

Mit dem Kühfuhrwerk unterwegs.
Besser e Kälble em Frieda als en Ochs em Streit.

Abb oben:
Schlittenfahrt auf dem Mistschlitten.

Schleacht gfahra isch emmer no besser als guat glaufa.

Abb. rechts:
Am Schafhaus.

Schwarze Schof gebet au weiße Milch.

Bei der Schafschur.

Mr moint äls von oim 'r sei fett, ond drbei isch 'r bloß gschwolla.

Vor der Schmiede.

Mr muaß grad schaffa oms Häs (Kleidung) ond oms Gfräß (Essen).

Der Schütz schellt aus.
Noseweis ben i net, aber wissa möcht i älles.

Abb. oben:
Das großelterliche Haus des Autors.

'S isch überall guat Brot essa, wenn mr hot.

Abb. nächste Seite:
Unsere Unterklasse (Kl. 1-4) mit ihrem Lehrer
(der Autor ist der fünfte von links in der obersten Reihe).

Mr sott net fliega, bevor mr Federa hot.

Der Bär ist los!

Schallte der Ruf »Dr Bäretreiber isch do!« durchs
Dorf, so hielt uns nichts und niemand mehr daheim.
Denn das war noch spannender, als wenn Kesselflik-
ker und Siebmacher mit ihren lustigen Karren durch
die Gassen zogen, Scherenschleifer ihre Schleifsteine
drehten und daran Messer und Scheren schärften
oder recht bunt gekleidete Zigeunerfrauen, ihre kleinen Kinder auf den Rücken gebunden, vor der Türe
um Eier bettelten. Vor den Zigeunern hatten wir
Angst. Außerhalb des Dorfes beim Blechlesberg,
wie unsere Müllkippe damals hieß, hatten sie ihre
mageren Pferdchen ausgespannt und die grünen
Wagen im Viereck aufgestellt. Man erzählte uns, daß
vor ihnen nichts sicher sei, kein Geld, keine Wäsche,
Hühner und auch keine kleinen Kinder. Und die
erbettelten Eier würden sie zu den Igeln verzehren,
die sie erst in Lehm gepackt und dann im Feuer gerö-
stet hätten.
Vor dem Bärentreiber jedoch fürchteten wir uns
nicht, ihm rannten wir nach und begleiteten ihn
durchs ganze Dorf, dabei einen wohligen Schauer
der Gefahr spürend. So ein Bärentreiber war auch
ganz anders gekleidet als die Männer aus dem Dorf.
Er trug lange Stiefel und Hosen mit Lederriemen.
An seiner Weste oder am Kittel prangten silberne
Knöpfe, und auf dem breitrandigen Hut baumelten

lange und gar wunderliche Vogelfedern. Besonders achtunggebietend war sein schwarzer, hochgezwirbelter Schnurrbart, eine richtige Rotzbremse, wie einer von uns meinte, im braunen Gesicht, der ihm ein recht fremdländisches Aussehen verlieh. Manche meinten darum, er komme von weit her und sei aus Österreich oder gar aus Rußland. Mein Vater wußte zu sagen, daß die Bärentreiber meist aus den Karpaten oder der Hohen Tatra stammten. Was mußten das für Länder sein, wenn dort so interessante Männer wohnten!

Um die eine Hand, in der der Bärentreiber eine kleine Schellentrommel hielt, hatte er eine Kette geschlungen. An dieser führte oder zog er den Bären mit sich. Mit dem Stab in der anderen Hand klopfte er im Takt auf den Boden. Alsbald richtete sich der Bär zu diesem Stampfrhythmus und dem Schellengeklingel des Tamburins auf, stellte sich auf die Hinterbeine und drehte sich schwerfällig im Kreise, dabei mit seinen Vorderpfoten hilflos bettelnde Bewegungen machend. Mitunter sang der Bärentreiber in einer fremden Sprache dazu und fuchtelte mit seinem Stab dem Bär vor der mit einem Maulkorb versperrten Schnauze herum. Dann knurrte dieser ärgerlich, packte den Stab und fuhr auf seinen Herrn los, als ob er diesen fressen wollte. Der jedoch machte sich gar nichts daraus, lachte nur, stieß den Bären mit der bloßen Hand zurück, und der Tanz ging weiter, als ob nichts geschehen wäre. Was war doch das für ein Mannsbild, so ein Bärentreiber!

Dieses Spektakel wiederholte sich alle fünfzig Meter aufs neue bis die Leute aus ihren Fenstern dem

Bärentreiber Zwei-, Fünf- oder Zehnpfennigstücke hinunterwarfen, die dieser geschickt mit seinem Hute auffing, worauf er sich artig verbeugte. Bis der Bärentreiber seinen Bären, dem er oft so merkwürdige Namen gab, durchs ganze Dorf geführt und oder auch gezogen hatte, war die ihn begleitende Kinderschar immer größer geworden. Mitunter stießen die weiter hinten gehenden Kinder die ganz vorderen auf den Bär drauf. Der aber war viel zu müde, sich nach den Störenfrieden umzudrehen oder sie gar zu bedrohen.

Bedrohlich wurde es aber doch einmal, als der Tanzbär sich vom Arm des Bärentreibers loßriß und davontrottete. Alle Kinder stoben schreiend auseinander wie eine aufgescheuchte Schar Hühner und suchten irgendwo Schutz. Auf die lauten »Mischka, Mischka«-Rufe des Bärentreibers und dessen drohendes Herumfuchteln mit dem großen Stock reagierte der Bär jedoch nicht, sondern lief, ohne sich umzudrehen, die Straße entlang, an deren Rand eine graugetigerte Katze saß. Sie fauchte Meister Petz gehörig an und machte einen Buckel dazu, worauf er verwundert stehen blieb, ein paar Schritte zurückwich und sich vom nähergekommenen Bärentreiber wieder einfangen und ohne Widerstand an der Kette festhalten ließ. Gehorsam stellte er sich wieder auf die Hinterbeine und »tanzte« täppisch im Kreise herum, als sein Herr aufs neue die Schellentrommel schwang und mit dem Stock den Tanzrhythmus klopfte. Als ob nichts geschehen wäre, zogen die beiden die Straße hinunter, zum Dorf hinaus und wahrscheinlich auf dem nächsten Weg in die Hohe Tatra.

»Auch unser edles Sauerkraut, wir sollen's nicht vergessen«

Wenn im Herbst die Felder vollends geleert wurden und darauf die Feuer mit dem Kartoffelkräutich brannten, in deren Glut wir kleine Grombira schmorten, bis ihre Haut ein gotziges bißle schwarz, manchmal jedoch leider arg verkohlt war, rasselten schon am frühen Morgen die mit Krautköpfen vollbeladenen Wagen der Perouser Krautbauern durch unser Dorf, die ihr Spitzkraut nach Pforzheim fuhren, um es dort auf dem Markt oder aber straßenauf und straßenab zu verkaufen. Spät am Abend oder gar erst in der Nacht holperten die leeren Fuhrwerke auf ihrem Heimweg wieder durchs Dorf. Meist baumelte dann eine Stallaterne hinten am Wagen, auf dem die Krautbauern stolz obenauf saßen, während sie am Morgen neben dem vollbeladenen Krautwagen hergegangen waren. Als letzter – und ohne Laterne – folgte der Wagen, in dem der Gotthilf aus unserem Dorf schlief. Das konnte er beruhigt tun, denn sein Gaul kannte den Heimweg gut. Erst im heimischen Hof, neben unserem Kinderschüle, blieb er stehen, und der Gotthilf wachte wegen des ruckartigen Anhaltens jäh auf.

Das war dann auch die Zeit fürs Krauteinschneiden. Dazu zog die Hägemarks-Käther, die Krautschneidere, mit ihrem in braunes Packpapier eingeschlage-

nen Krauthobel unterm Arm im Dorf von Haus zu
Haus, drehte dann mit einem Bohrer die Krautdor-
sche aus dem Spitzkraut, setzte die Häuptle auf den
Hobel und schnitt sie hurtig und geschwind ratze-
butz scheibchenweise klein. Das geschnittene Kraut
fiel hinunter in einen Blechzuber, in den man zuvor
ein weißes Bettuch gelegt hatte, dessen Zipfel nach
allen Seiten über den Zuberrand hingen.
In diesen Tagen hatte ich immer viel zu tun, denn
daheim und bei der Ahne mußte ich das geschnittene
Kraut einstampfen. Bei der Ahne lief das Jahr um
Jahr in gleichbleibendem Zeremoniell ab. Sie kam
daheim vorbei und sagte, die Käther sei dagewesen
und ich solle nunmehr zum Krauteinstampfen kommen. Das tat ich gerne, weil es mir großen Spaß
machte, das kühle Kraut und die etwas beißende
Brühe an den bloßen Füßen zu spüren, und vor
allem, weil ich dafür einen großen Ranken Brot
bekam, um den ganzen Laib herum, mit Zwetsch-
gengsälz darauf.
Bevor es jedoch soweit war, hatte ich harte Arbeit zu
tun. Erst mußte ich in der Küche meine genagelten
Stiefel ausziehen und fein säuberlich nebeneinander
in die Ecke stellen, dann die Strümpfe, die mit einem
Gummiband, dem Strapser, am gestrickten Leibchen
festgeknöpft waren, in die Stiefel stopfen. Inzwischen hatte die Ahne lauwarmes Wasser aus dem
Schiff vom großen gemauerten Küchenherd mit
einem Schöpfer ins Waschlavor, eine emaillierte
Waschschüssel, geschöpft, Seife und eine Wurzelbür-
ste geholt und mich geheißen, ins Wasser zu steigen.
Dann begann sie, mir sorgsam die Füße zu schrub-

ben, vergaß auch nicht die Zwischenräume der Zehen und trocknete hernach alles mit einem karierten Tuch ab, das sie sich zuvor über die Schulter geworfen hatte. Zum guten Ende der Fußwaschung holte sie mit einer Schere ällsgemach noch unter den Zehennägeln hervor, was sich da im Laufe der Zeit alles angesammelt hatte.

Nach dieser Prozedur nahm mich die Ahne auf den Rücken, trug mich buckelranze hinunter in den Keller und stellte mich dort in eine zuvor sorgfältig gereinigte braune, tönerne Krautstande, auf deren Boden sie bereits ein paar große Krautblätschen gelegt hatte. Auf diesem Weg in den Keller ging's stets am Abtritt vorbei, wo sie mich auf den Holzsitz stellte, den Deckel zur Grube zur Seite legte, bhäb neben mir stehen blieb und sich selbst davon überzeugte, daß ich auch ja mein Wässerchen machte. Ein gotziges Mal jedoch hat sie es vergessen, mich gleich in den Keller hinuntergetragen und in die Krautstande gestellt. Das war in einem Jahr, als das Kraut draußen auf den Äckern horrend trocken aufwachsen mußte. Die Großmutter hatte schon ein paarmal in ihrer weißen Schürze Kraut zu mir in den Keller hereingetragen, es in meiner Krautstande verteilt und jeweils Salz, Kümmel und eine Prise Zukker darübergestreut. Aber es wollte sich bei meinem kräftigen Treten nicht wie sonst eine Brühe bilden. Ich hatte mir dabei im Laufe der Jahre eine eigene Taktik entwickelt: Erst trat ich außen herum am Rande alles Kraut zusammen, so daß in der Mitte noch ein richtiger runder Berg stehen blieb, dann stampfte ich da mit den Fersen Löcher hinein, wartete bis sich in ihnen Brühe ansammelte und trat dann mit voller Fußsohle den ganzen Berg topfeben. Wenn die kühle Brühe, die so herrlich salzig schmeckte, durch die Zehen rann, und wenn es beim Anheben und Aufsetzen der Füße so schön quietschte, freute ich mich. In immer kürzeren Abständen mußte die Ahne geschnittenes Kraut herbeischaffen, denn immer schneller gewann die Flüssigkeit die Oberhand, stieg an meinen Beinen hoch und kühlte so angenehm.

Doch einmal, wie gesagt, in selbigem Spätling, nach einem heißen Sommer, battete alle Taktik nichts. Es wollte und wollte sich keine Brühe bilden, weil ja das Kraut hatte so trocken aufwachsen müssen. Oft war man deshalb den Sommer über mit den Güllefässern, gefüllt mit Brunnenwasser, aufs Feld hinausgefahren und hatte es schapfenweise ans Kraut verteilt, weil dies eigentlich »älle Vesper lang« einen Regen brauche, wie die Alten im Dorfe zu sagen wußten.

Jedesmal, wenn die Ahne eine neue Schicht Kraut in die Stande streute, leuchtete sie mit dem Kerzenlicht, das daneben auf einem Hocker stand, zu mir in die Stande herein, wo sich in diesem Jahr partu keine Brühe bilden wollte.

Und da geschah es dann, als die Ahne wieder die Kellerstaffel hinaufgestiegen war, um neues Kraut zu holen, daß ich einen unwiderstehlichen Drang verspürte und es einfach nicht mehr verheben konnte. Aber wohin damit in der Not? Neben die Krautstande auf den tonigen Kellerboden? Da hätte die Ahne die Läpperte gleich bemerkt. Also blieb im

Häling nur ein Weg! Und so viel ist es ja auch gar nicht, was in einer Bubenblase Platz hat.

Als die Ahne mit einer Schürze Kraut wiederkam, stellte sie erleichtert den Erfolg fest. Sie sei sehr froh darüber. Solange man noch orgle, sei eben die Kirche doch noch nicht aus, meinte sie dann, denn nur ungern hätte sie mehr Salz genommen, weil ein versalzenes Kraut gar nicht gut schmecke. Und geschmeckt hat das Sauerkraut in diesem Jahr so gut wie in den vergangenen Jahren, vielleicht sogar noch ein bißchen besser, weil es ja so trocken aufwachsen mußte. Ich selbst habe oft davon gegessen. Darum weiß ich es auch so genau.

Heute ist Kirchweih

»Heut isch Kirbe, morge Kirbe, bis am Mittwoch-
abend« reimten und sangen wir um die Mitte des
Oktobermonats und zeigten damit, daß einstens die
Kirchweih ein bedeutendes Fest im Jahreslauf gewesen war. Darum bedurfte sie auch einer großen und
ausgiebigen Vorbereitungszeit. Vom Schafhof-Luisle
hieß es noch zu meiner Bubenzeit, daß sie deswegen
schon nach der Sichelhenket, also gleich, nachdem
der letzte Garbenwagen in die Scheune gefahren und
die Ernte beendet war und damit einen ganzen
Monat vor dem Kirchweihfest, den Teig für die
umfangreiche Backerei anlasse. Ich dagegen mußte
erst zwei Wochen vor dem Kirchweihtermin beim
Hefe-Päule oder bei der Hägemarks-Käther für drei
oder meist für fünf Pfennig Hefe holen, die diese
von einem Hefelaible herunterbrachen, das dem
Backsteinkäse unter der Glasglocke im Laden von
der Nane-Base sehr ähnlich sah, und dann in ein
Stück Zeitungspapier einwickelten. Bei der Käther
gab's dazu ein paar getrocknete Schlehen, beim
Päule ein paar bunte Puffreiskörner als Belohnung
für den Einkauf.
Daheim machte die Mutter mit ein wenig Restteig
vom letzten Brotbacken daraus den Hefel, wie man
bei uns zum Sauerteig sagte. Der kam dann in den
Hefeltopf, der auf dem Küchenkästle seinen Platz

hatte, weil es dort oben immer schön warm war. Eine wichtige Sache war das Anlassen des Teiges, allein schon der Menge wegen, denn in jedem Haus wurden fürs Fest mindestens zwanzig Kuchen, eine richtige Bachet voll, gebraucht. Zur ausgelosten Backzeit trug man sie alle ins Backhaus, die Kuchenbleche fein säuberlich in großen Streuzainen aufeinandergestellt, zwischen sie kleine Hölzchen geschoben, oder fuhr sie im Leiterwägelchen oder gar auf dem Schubkarren dorthin. Ältere Frauen trugen mitunter bis zu sechs übereinandergestapelte Kuchenbleche, ein rundes Wattebäuschtle darunter, auf dem Kopf in stolzem und aufrechtem Gang, dabei den einen Arm in die Hüfte gestützt. Den weitesten Weg von ihnen ins Backhaus hatte vom äußersten Zinken herein d' Schreiner-Schmiede, 's Chrischtele, wie wir sie nannten, weil sie noch mit uns verwandt war. Einmal, als ihr Richard, der später einmal ein guter Torwart und der Rückhalt unseres Fußballvereins werden sollte, noch ein Säugling war, schob sie diesen im Kinderwagen vor sich her, auf dem Kopfe deshalb nur vier Kuchenbleche. Die anderen hatte sie zu ihrem Richardle in den hochrädrigen Wagen gestellt, auch die Breischüssel dazu, weil sie ja diesmal ihre freie Hand zum Schieben brauchte. Im Backhaus habe ich ja noch genügend Zeit, um den Brei auf die Kuchenböden zu streichen, dachte sie. Als sie dort Kuchen und Breischüssel auslud, merkte sie, daß der unterste Kuchen etwas feucht schimmerte. In der Eile des Aufbruchs hatte sie daheim nämlich vergessen, den Jungen in eine Windel zu pakken. »Mr woiß jo, was 's isch«, meinte sie zu den etwas verwundert dreinschauenden umstehenden Frauen, nahm ihren Löffel, sprach sich selber mit »'s isch jo vom oigene« noch Mut zu und begann, den Brei auf dem angenetzten Kuchenboden zu verteilen.

Ich wollte mit unseren ersten Kuchen immer recht früh im Backhaus sein, denn dann sah ich noch, wie zum Anheizen des Ofens auf dessen Backsteinboden kleine Reisigbüschel verteilt wurden, die nach dem Anzünden so lustig knisterten und prasselten. Waren sie heruntergebrannt, holte man mit einem groben Besen und einem Eisenschieber die Asche und die Holzkohlenreste heraus, bevor der heiße Ofenboden noch mit einem nassen Lappen, der Hudel, saubergewischt wurde. Wie das zischte und aus dem Ofenloch herausdampfte! »No net hudle!« mahnte da bedächtig manche Bäuerin und wollte damit sagen, man solle sich nur genügend Zeit lassen mit dem Saubermachen, damit hinterher nicht noch Holzkohlenreste oder Asche in Brot oder Kuchen hineingebacken werden. Eine gute Belohnung für alle zuvor ausgestandene Mühe war dann das erste Stück heißer Zwiebel- oder Kartoffelkuchen, die immer zuerst in den noch sehr heißen Ofen eingeschossen und darin herausgebacken wurden. Obwohl man die Kuchenstücke kaum in den Händen halten konnte, feste blasen und die Bissen trotzdem noch ein paarmal im Munde hin- und herschieben mußte, schmeckten sie am allerbesten von allen, noch besser als Zwetschgen-, Äpfel-, Käse- und Rahmkuchen. Vor dem Kirchweihsonntag hatte die Mutter zwei Wochen lang täglich die Hälfte der Kuh-

milch abgerahmt und den dicken, gelblichen Rahm für die Rahmkuchen gesammelt. Die andere Hälfte der Milch ließ sie sauer werden. Diese gestandene Milch füllte sie dann in ein Leintuch, das sie an einer Küchenschrankschublade festband, damit die Molke in einen daruntergestellten Hafen abtropfen konnte. Der im Leintuch zurückgebliebene Bibeles- oder Luckeleskäs gab einen ausgezeichneten Käsekuchen. War dann der Kirchweihsonntag endlich da, besuchte man sich gegenseitig und aß Kuchen um Kuchen. Trotzdem waren an diesem Tage auch alle fünf Dorfwirtschaften überfüllt. Denn auch dort konnte man Kuchen essen, soviel man wollte und in sich hineinbrachte. Er war auf Tellern aufgebeigt, stand mitten auf den Wirtshaustischen und kostete rein gar nichts. Darum hatten die Wirtsleute in den Tagen zuvor oft bis zu 80 Kuchen zum Backhaus tragen und backen müssen. Am Abend gab's dann bei ihnen Bratwürste und Kartoffelsalat. Dazu trank man Wein oder Bier. In der Woche vorher hatte deshalb das Bierauto so manches Bierfäßle vor ihren Häusern abgeladen, und die Fahrer mit ihren braunen Lederschürzen hatten sie ins Haus gerollt und die steilen Kellerstaffeln hinuntergeschafft, hinterher auch noch mit langen eisernen Haken große Eisstangen von ihrem Lastwagen heruntergezogen, mit denen man damals noch das Bier kühlte.
Zwischen Bier, Wein und Bratwürsten schwang man dann am späten Abend bis tief in die Nacht oder gar den Morgen hinein noch das Tanzbeim beim Kirbetanz, zu dem die Blechmusik aus dem Nachbardorf aufspielte, das sein Kirchweihfest an einem anderen

Sonntag feierte. Die sechs Musikanten brauchten dazu keinen Dirigenten, wozu auch, sie spielten ohnehin alles auswendig. Mir gefiel der Mann mit der großen Tuba am besten. Sein »Humba-humba« hörte ich nicht nur gut aus den übrigen Stimmen heraus, ich sah es auch an den Backen des Bassisten, die im gleichen Rhythmus dicker und dünner wurden. Und weil man an diesem Abend nicht mit dem Läuten der Betglocke heimgehen mußte, hätte man nach unserer Meinung ruhig öfter als einmal im Jahr Kirchweih feiern können, zumal man noch mindestens eine Woche lang bei der Kartoffel- und Rübenernte sogar draußen auf dem Acker Kirbekuchen essen durfte.

Vom Hopfenzopfen

Das Hopfenzopfen war bei uns besonders beliebt, und den Vers »Hopfe zopfe, Stiel dra lau; wer's net ka, soll's bleibe lau!« (Hopfen pflücken, Stiele dran lassen; wer das nicht kann, soll es bleiben lassen) kannte jedes kleine Kind. Zugegeben, so ganz hopfenleicht war es gerade nicht, das Hopfenzopfen, und eine Mordsarbeit obendrein. Aber man war da mit vielen anderen, Älteren und Gleichaltrigen, zusammen, und das machte den besonderen Reiz der Sache aus. Außerdem erhielt man zum Lohn Most und Gsälzbrot oder ein andermal gedörrte Zwetschgen, und am Abend hatte man nach getaner Arbeit noch zehn oder gar zwanzig Pfennige hinzuverdient.

Darum liefen wir auch im Herbst, wenn draußen die Hopfenfelder geleert waren, gleich nach der Mittagsschule in die »Krone«, wo in der Kegelbahn, oder ins »Rößle«, wo im Saal die Hopfenschnüre zuhauf lagen, um von diesen die kleinen gelblich-grünen Blüten abzuzopfen. Ich griff am liebsten möglichst rasch nach den Enden dieser meterlangen Schnüre, die die Männer zuvor mit riesigen Birnenhaken von den Hopfenstangen oder Drähten auf den Hopfenländern heruntergeholt und hierher geschafft hatten. Dort an den Enden waren die Hopfen nämlich am größten und füllten darum schneller den hohen

Korb, die Streuzaine, für die man, wenn sie randvoll war, zum Lohn zehn Pfennige bekam. Der Kronenwirt allerdings meinte, wenn er ab und zu hereinkam und immer wieder die federleichten Hopfen mit der Hand hinunterdrückte, daß die kleineren Hopfenzäpfchen viel besser und wertvoller wären. Sie hätten nämlich mehr von der kräftigen Hopfenwürze und würden ihm deshalb mehr Geld einbringen. Darauf mußte er jedoch noch eine ganze Weile warten. Erst füllten wir nach dem Zopfen Korb um Korb in riesig große Säcke, größer als wir selber, bevor diese von Lastautos abgeholt und in die Brauerei gefahren wurden. Und weil der Hopfenanbau Jahr um Jahr zurückging und in jedem Frühjahr weniger Bauern das schwere Hopfeneisen schulterten, um auf ihren besten Äckern, denen mit den schweren Böden, tiefe Löcher für die Hopfenstangen in den Boden zu rammen, gab es auch in den Häusern immer weniger Hopfendarren, um den Hopfen selber zu dörren. Statt dessen dörrte man in ihnen längst Birnenschnitze und Zwetschgen, die man in der Vorweihnachtszeit zum Schnitzbrot brauchte, die aber auch das ganze Jahr über gut zu Grießküchle oder Pfannkuchen schmeckten.

Beim Dreschen

Zu unseren Freuden im Spätherbst oder an lauen Wintertagen gehörte das Dreschen. Für die Erwachsenen bedeutete dies jedoch harte Arbeit. Da fuhr am frühen Morgen, gleich nach dem Hellwerden, der Drescher mit seiner Dreschmaschine, die von einem großen, vollgummibereiften Lanz-Bulldog gezogen wurde, vors Haus. War das Ungetüm von Dreschmaschine nach vielem Vor und Zurück endlich hinterschefür in die Scheune hineinbugsiert und so aufgestellt, daß sie genau unter dem Garbenloch stand, blieb der Bulldog draußen auf dem Hof stehen. Ihm, dessen Vorderteil tatsächlich einer Bulldogge glich, stellte man eine Karbidlampe in den Glühkopf, drehte dann ein paarmal an der Kurbel bis der Motor ansprang und aus dem Schornstein kleine Rauchkringel aufstiegen. Vom großen Schwungrad wurde über einen langen und verschränkt geführten Riemen die Dreschmaschine angetrieben, aus der erst einmal eine große Staubwolke kam. Von den Böden der Scheune, auf die man in der Ernte die Weizengarben mit einem Seil hinaufgezogen hatte, das hoch oben, direkt unterm Dach über das knarrende Schuire-Rädle lief, mußte man nun diese Garben auf die Dreschmaschine hinunterwerfen, wo sich zwei Frauen abrackerten, die Garbenstrickle zu lösen und zwei andere die Garben auseinanderbreiteten und in den Rachen der Maschine hineinstreuten. Die verschlang gierig alles, heulte manchmal auch unwirsch auf, wenn man ihr zuviel zumutete und schlug unter mächtigem Schütteln, Rütteln und großem Getöse aus den Ähren die Körner heraus. Wenn alles wie am Schnürchen lief, fielen diese durch zwei Siebe und rieselten schließlich in einem unaufhaltsamen Strom in die unten an der Maschine aufgehängten Säcke. War einer davon voll, galt es, rechtzeitig die entsprechende Klappe zu schließen, den großen Zentnersack zuzubinden, ihn gekonnt mit »Hau ruck« und Schwung zu schultern und Stiege um Stiege auf die Bühne des Wohnhauses hinaufzutragen, wo man den ganzen Weizen auf einen großen Haufen schüttete. Kein Wunder, daß dies Aufgabe der Männer war, die außerdem noch das gedroschene Stroh zu Büscheln binden, auf die Maschine gabeln und von dort weiter auf einen inzwischen leer gewordenen Scheunenboden befördern mußten. Jahre später, als dann ein Elektromotor die Dreschmaschine antrieb, hat man vor diese eine Presse gestellt, die das Stroh stoßweise zu großen viereckigen Ballen zusammenpreßte. Weil diese zum Hinaufgabeln viel zu schwer waren, setzte man sie draußen vor der Scheune zu großen Bergen aufeinander. Da das schnell gehen mußte, blieb oft keine Zeit für sorgfältiges Aufeinandersetzen. Darum gab's zwischen den Strohballen auch immer wieder Hohlräume, durch die man sich, war man erst einmal auf den Gipfel des Strohhaufens hinaufgeklettert, nach unten hindurchzwängen und dabei richtige Höhlen und Gänge graben konnte, in denen es mitunter zappenduster war. Manchmal mußten die Männer an der Presse uns aus unseren Gefängnissen befreien, wenn ums Numgucken der Ausgang durch nachgerutschte Strohballen verstopft worden war.

Noch schöner als die Höhlengraberei waren das Vesper oder gar das Mittagessen am Dreschtag. Legte der Dreschmaschinenmann an seinem Bulldog einen Hebel um, so stand nach einer Weile das Ganze still. In die ungewohnte Stille nach dem vorangegangenen Höllenspektakel hinein hörte man die Mutter rufen: »Übermachet euch no net, ond kommet jetzt zom Esse! 'S isch äller Ehre wert.« Dann stiegen die Frauen über eine angelehnte Leiter von der Dreschmaschine herunter und reckten und streckten sich erst einmal. Denn da oben auf der Maschine hatten sie die ganze Zeit über gebückt ihre harte Arbeit tun müssen, weil kein Platz zum Sichaufrichten vorhanden war. Darum waren sie ganz froh, wenn es auch mal zwischendurch eine Unterbrechung gab, weil wieder einmal der lange Riemen von den glatten Antriebsrädern heruntergerutscht oder gar gerissen war. Doch diese Pausen dauerten nie lange, weil sich der Schaden mit Riemenwachs oder aber mit Beißzange und neuen Klammern meist schnell beheben ließ. Jetzt erst, als sie mit unsicheren Beinen unten standen, sah man, wie verstaubt sie waren – kaum, daß man sie wiedererkannte.

Droben in der Stube hatte die Mutter derweil ein gutes Essen hergerichtet. Wenn dann der ganze Schwall Weibs- und Mannsleute, zusammen acht oder neun Verwandte und Nachbarn, schier wie die

Kälte hereindrückten, ging's da drin mitunter ganz g'späßig zu. Am Mittag gab's bei diesem Anlaß immer Sauerkraut. Darum konnte es durchaus vorkommen, daß manch einer der Helfer eine Woche lang täglich Sauerkraut aß. Wir Kinder saßen abseits am Katzentischle und horchten auf die Sprüche der Dreschersleute, von denen manch einer einen Saumagen und eine gute Kuttel zu haben schien, gemessen an dem, was er alles in sich hineinspachtelte. Zu trinken gab's an diesem Tag nicht den gewöhnlichen räßen Most wie sonst. »Heut holsch aber net dein Semsekrebsler ruf! Heut holsch vo deim Bratbiremoscht!« riefen sie dem Vater hinterher, als dieser, den graublauen Mostkrug in der einen und den großen Suttenkrug in der anderen Hand, in den Keller hinunterstieg. Beim Vesper dagegen konnte man nicht allzu lange hocken bleiben und zu tief ins Glas gucken, weil es ja hinterher noch eine ganze Weile weiterging bis auch die letzte Garbe gedroschen und das Stroh wieder an Ort und Stelle war.

Eine große Erleichterung für alle war es, als Anfang der vierziger Jahre draußen beim Schafhaus eine große Feime als Dreschhalle gebaut wurde. Jetzt konnte man den ersten Garbenwagen vom Feld aus gleich zum Dreschen fahren, damit man wieder Hühnerfutter und eine Weizenfuhre für die Mühle hatte. Meist standen aber, wenn man mit dem vollbeladenen Garbenwagen zur Dreschhalle kam, schon viele andere Wagen da. Und darum gab es oft Streit um die richtige Reihenfolge, weil manch einer versuchte, seinen Wagen an den anderen vorbei weiter nach vorne zu schieben. Aber beim Aufladen der

Strohballen und der vollen Weizensäcke half man dann wieder zusammen. Das Weizengrietz jedoch, das man früher verfüttert hatte, wurde achtlos auf die Seite geblasen. So war es nicht verwunderlich, daß meine Ahne, die einst noch mit dem Flegel die Linsen, Erbsen und auch das Brotgetreide ausgedroschen hatte, händeringend klagte, sie verstehe die Welt nicht mehr. Aus dem durch die Maschine zusammengeschlagenen Stroh könne man ja keine Hausschuhe mehr flechten, und überhaupt gehe ganz sicher bald die Welt unter, weil man ja nichts mehr ästimiere, das Getreide nicht mehr mit der Sichel schneide und die Dorfarmen sich auch nicht mehr nach den Ähren auf den abgeernteten Äckern bücken wollten, die dort durch den Rechen geschlüpft waren.

Was sie wohl sagen würde, wenn sie sehen könnte, wie heute riesige Ungetüme, von einem einzigen Mann geleitet, über die Felder kriechen und die Arbeit, für die man zu ihrer Zeit viele Wochen brauchte, in ein paar Tagen erledigen, und wie es auf den abgeernteten Feldern schon kurze Zeit nach dem Umpflügen der Stoppeln wieder grünt, weil zuvor sich niemand nach den abgebrochenen Ähren gebückt hat?

Wir singen um den kleinen Magen

Zweifellos war in der Winterzeit das Schärren eine
ganz wichtige und dazu noch recht einträgliche
Angelegenheit, eigentlich die wichtigste neben dem
Schleifen in den Straßenkandeln, dem Schlittenfah-
ren im Grund oder dem Mitfahren auf dem großen
Bahnschlitten der Gemeinde.
Wenn wir in Erfahrung gebracht hatten, wer im
Dorfe geschlachtet hatte, zogen wir zu dreien oder
vieren am Abend, gleich nach Einbruch der Dunkelheit dorthin. Daheim, oder bei einem Freund, der in
der Nähe jenes Hauses wohnte, in dem an diesem
Tag geschlachtet worden war, hatten wir uns das
Gesicht geschwärzt, ein Vorhängle davor gebunden,
mit Löchern für die Augen und den Mund, alte und
viel zu weite Hosen und Kittel angezogen und uns
noch große Hüte aufgesetzt. In diesem komischen
Aufzug begannen wir, schon im Hausgang des fremden Hauses Lärm zu machen, indem wir mit Koch-
löffeln in unseren mitgebrachten Eimerchen und
Milchkannen zu rühren, eben zu schärren, begannen. Dazu sangen wir: »Mir senget om de kleine
Mage, de grauße könnet mir au vertrage; mir senget
om e Brückele Speck, oder mir ganget euch net vom
Haus aweg!« Von »Singen« konnte dabei jedoch
keine Rede sein, vielmehr brummelten wir unseren
Vers mit tiefem Baß oder kreischten ihn mit hoher

Fistelstimme, denn wir wollten uns auf keinen Fall schon durchs Singen verraten. Holte man uns dann in die Küche herein, wo es so gut nach Sauerkraut, Grieben und Metzelsuppe roch und wo meist noch einige Leute am Tisch den Speck klein schnitten, versuchten wir, uns in die dunkelste Ecke zu drücken, unbedingt aber in Türnähe zu bleiben, damit der Fluchtweg offen blieb, falls nicht alles nach Plan verlaufen und wir nicht ohne weiteres als Lohn Kraut, Fleisch und Würste bekommen sollten. Gar oft versuchte man, uns in ein Gespräch zu verwickeln, um uns dabei an den Stimmen zu erkennen, das Tüchle vor dem Gesicht wegzureißen oder wenigstens darunterzugucken. Man mußte darum höllisch aufpassen, wenn man nicht erkannt werden wollte. Am besten war es drum, auf Fragen gar nicht zu antworten, und wenn, dann nur mit verstellter Stimme, und vor allem denen rechtzeitig auf die Finger zu klopfen, die einem ans Vorhängle wollten.

Die meisten Leute füllten uns jedoch bereitwilligst die mitgebrachten Eimerchen mit Kraut und legten oben drauf noch ein Stück Kesselfleisch, eine Grieben- und eine Leberwurst. In die Milchkännchen kamen ein paar Schöpfer Fleisch- oder Wurstbrühe. Manchesmal hieß es jedoch: »Senget au ebbes oder schwätzet au, aber net bloß mit de Händ! Sonst könnet mir euch nix gebe!« Deshalb kamen wir manchmal nicht darum herum. Einmal habe ich zum Singen mich auch noch im Kreise gedreht, aber nicht bedacht, daß sich dabei leicht die Schnüre lösen können, mit denen ich daheim die viel zu großen Hosen festgebunden hatte. Gerade noch, als alles schon ins

Rutschen kam, konnte ich mit der Rechten verhindern, daß ich ohne Hosen dagestanden bin. Von da ab haben wir uns nicht mehr auf die Tanzerei eingelassen und schon gar nicht auf die Einladung zum Vespern, da man dazu ja das Vorhängle vorm Gesicht ganz lupfen mußte, weil das Kraut meist in dem kleinen Loch hängen blieb, das man für den Mund hineingeschnitten hatte.

War man mehr oder weniger glücklich mit gefüllten Gefäßen allen Gefahren entronnen, ging's schnell nach Hause, aber nicht auf dem kürzesten Weg, weil man uns sonst leicht nachspionieren und herausbekommen konnte, wer da geschärrt hatte. Daheim ließen wir es uns schmecken, am Abend noch die Würste, am anderen Tag das Kraut und das Fleisch, und alle überstandene Gefahr war darüber vergessen.

Das Christkindle kommt

Die Vorweihnachtszeit und die Adventswochen unterschieden sich damals nicht von den anderen Wochen des Jahres. In den Auslagen der Kaufläden kündete gar nichts vom herannahenden Weihnachtsfest. Nur in den Fenstern unserer beiden Metzgereien entdeckte ich in den allerletzten Tagen vor dem Christtag plötzlich außer Schinken-, Blut- und Leberwurst und neben dem Leberkäs, dem Preßkopf und dem Schwartenmagen ganz ungewohnte Wurstsorten. Die waren mit Stanniolpapier eingewickelt, und mitten in der Wurst war ein Sterngebilde aus dunklerer Wurst zu erkennen. Wie hatte es wohl der Metzger fertig gebracht, dieses Sterngebilde so sauber in die Mitte der Pastete hineinzuzirkeln?

Das Auftauchen dieser Sternpasteten in dem silbrig glänzenden Stanniolpapier war für mich das untrügliche Zeichen, daß es jetzt nicht mehr weit war bis zum Heiligen Abend, an dem das Christkindle kam.

Auf sein Kommen freute ich mich jedoch kaum, ja eigentlich gar nicht. Vielmehr war mir davor angst und bang. Mit dem Christkindle, das eigentlich ein Mann war, der sich bloß ein weißes langes Nachthemd angezogen und vors Gesicht ein weißes Spannervorhängle gehängt hatte, kam auch der Pelzmärte in die Stube hereingepoltert, nachdem die beiden schon auf der Treppe einen Höllenlärm vollführt und mit ihren Ketten gerasselt hatten.

Es fing damit an, daß am Heiligabend, bald nach dem Dunkelwerden, auf der Straße unten Glöckchen oder auch Kuhglocken zu hören waren. Schob ich dann unser Scheibenvorhängle zur Seite, konnte ich die beiden vermummten Gestalten erkennen, die mit einer Stallaterne durch den Schnee die dunkle Straße entlangstapften – damals lag an Weihnachten immer Schnee –, geradewegs auf unsere Haustüre zu. Dort erwartete sie der Vater und sprach mit ihnen. Waren sie handelseinig geworden, meist bekamen die beiden eine Handvoll Weihnachtsgutsle, stolperten sie mit ihren schweren genagelten Rohrstiefeln unsere Treppe herauf und brachten einen ganzen Schwall kalter Wintersluft in die warme Stube herein, wo meine Schwester und ich uns in die Ecke neben den Christbaum gedrückt hatten.

Der Pelzmärte, in seinem dicken Mantel mit dem nach außen gekehrten Schafspelz, rasselte gräßlich mit seinen schweren Ketten, die er sich über die Schultern geworfen und auch noch um seinen Mantel gewunden hatte, fuchtelte wild mit seinem Rutenbündel herum, stieß dabei gegen die Stubenlampe an der Decke, die ängstlich hin- und herschwang und brummelte Unverständliches in seinen zottigen grauen Bart. Der war, das sah ich genau, eigentlich aus Werg, wie es der Flaschner Klotz zum Reparieren der Wasserleitung immer in seinem Schurz mit sich trug. Mit weit ausholendem Schwung warf er dann seinen Sack auf den Stubenboden. Viel war da aber nicht drin, meist nur ein paar Äpfel oder Nüsse,

Ausstecherle und Albertle, die ich so gerne aß. Sie zu erhaschen, war gar nicht leicht, weil beide, Pelzmärte und Christkind, beim Krabsen uns gehörig auf die Finger schlugen. »Komm, gib einen Patsch ond sag au e Versle!« brummte der Pelzmärte, und das Christkind flötete mit verstellter Stimme: »Du hosch doch hoffentlich oins g'lernt.« Vor lauter Angst blieb ich natürlich bald stecken und wußte nach dem »Niklas, Niklas, guter Gast, hast du mir was mitgebracht?« nicht mehr weiter. Meine Stimme hatte vorher schon merklich gezittert, und der Atem war kurz geworden. Als der Pelzmärte dann auch noch drohte, mich gehörig zu verhauen, in seinen Sack zu stecken und mitzunehmen, griff endlich die Mutter ein und meinte zu den beiden, daß es jetzt genug sei, und sie sollten nur wieder gehen. Und als dann der Vater hinter ihnen den Riegel an der Haustüre wieder vorgeschoben hatte, war ich erlöst und begann aufzuatmen. Jetzt zündete der Vater am Christbaum die Kerzen an, und die Mutter las die wundersame Weihnachtsgeschichte des Evangelisten Lukas und sang mit ihrer hellen Stimme das »Vom Himmel hoch, da komm ich her«, indes wir alle antworteten »Des laßt uns alle fröhlich sein«. Nun waren wir's auch, weil jetzt richtig Heilig Abend war. Unterm Christbaum holten wir die Geschenke hervor und packten sie aus, bevor es zum guten Schluß als Festessen Kartoffelsalat und heißgemachte Schinkenwurst gab, für jedes von uns zwei Kindern einen ganzen Vierling.

Prosit Neujahr

Ich weiß noch recht gut, wie ich, als ich acht Jahre alt geworden war, beim Neujahrswünschen noch nicht den mir altbacken vorkommenden Spruch vom »Frieden, vom Segen und vom Heiligen Geist« aufsagen wollte, mit dem die Erwachsenen einander ein gutes neues Jahr wünschten, aber auch nicht mehr den gespäßigen Kleinkindervers »I ben e kleins Bombele, so rond ond so dick. I stand in e Eckle ond wünsch euch viel Glück«. Nein! Dazu war ich jetzt viel zu alt.

Als ich in meinem Lesebuch für die zweite Klasse nichts Passendes gefunden hatte, kam mir eines jener Kalenderblättchen zuhilfe, das die Mutter täglich nach dem einfachen Mittagessen vom Abreißkalender abtrennte und zusammen mit einem Bibelabschnitt vorlas, bevor sie den Kopf auf die Arme legte, eindöste und noch am Küchentisch ein kleines Nickerchen machte. Auf diesem Kalenderblättchen des letzten Tages im Jahr stand: »Ach, wiederum ein Jahr verschwunden, ein Jahr und kommt nicht mehr zurück! Ach, mehr als achtmal tausend Stunden sind weg als wie ein Augenblick!« Das war ja faszinierend: Ein Jahr hatte so viele Stunden, mehr als achttausend! Ich hatte endlich meinen gesuchten Vers! Beim Auswendiglernen merkte ich jedoch, daß darin etwas fürs neue Jahr fehlte. Zum Glück half da das erste Kalenderblättchen vom neuen Jahr weiter. Dort stand: »Hilf, Herr Jesu, laß gelingen; hilf, das neue Jahr geht an!« Das war genau das Richtige. Hilfe konnte man immer gebrauchen, besonders gut zu einem Neubeginn.

So machte ich mich denn – wie alle Jahre zuvor – frohgemut auf den Weg, um mit meinem neuen Spruch den Großeltern, der Dote, dem Döte, den Tanten und dem Onkel Fritz das Neujahr zu wünschen. Zu anderen Leuten durfte ich nicht gehen. »Das schickt sich nicht«, meinte die Mutter, obwohl ich das nicht fand und es gar zu gerne getan hätte, denn fürs Neujahrwünschen bekam man ein Fünferle oder – wenn's besonders gut lief – gar ein Zehnerle geschenkt. Und das war um diese Jahreszeit die einzige Gelegenheit, der durch Weihnachten arg strapazierten Sparbüchse wieder auf die Beine zu helfen. Jetzt, mitten im Winter, war's nichts mit Geldverdienen durch Fahrradputzen oder Hopfenzopfen. Darum wäre ich zum Neujahrswünschen wenigstens zu Bürgermeisters oder gar hinaus ins Fabrikle gegangen, das einzecht draußen am Ende des Dorfes lag. Beide Häuser kannte ich gut, weil ich dorthin dreimal im Jahr mit unserem Leiterwägele Seifenartikel fahren mußte, die zuvor ein von Tür zu Tür gehender Vertreter verstellt hatte, der immer dann, wenn er ein gutes Geschäft gemacht hatte, mir ein Taschentüchle schenkte, das so herrlich nach Seife duftete. »Nein, ins Fabrikle und zu Bürgermeisters darfst du nicht zum Neujahrswünschen gehen, das sieht nach Bettelei aus, höchstens noch zu den allernächsten Nachbarn!« entschied die Mutter, und damit war die Sache abgetan. Daher konnte ich am andern Tag nur Bauklötzle staunen, wenn die Schulkameraden stolz berichteten, was ihnen das Neujahrswünschen – und das auch noch mit ihren altmodischen Sprüchen – alles eingebracht hatte. Einer erzählte, daß er diesmal beim Aufsagen nicht über »Ich bin ein kleiner Knabe, ich wünsch euch, was ich kann« hinausgekommen wäre. Dann habe er nach einer Weile als Entschuldigung gesagt: »Donnerwetter, jetzt weiß i nemme weiter!« worauf alle gelacht hätten und er in das allgemeine Gelächter erleichtert »Prosit zum neuen Jahr!« gerufen habe. Da hätten alle zum Geldbeutel gegriffen, und das habe ihm mehr Geld eingebracht als je zuvor, worauf er es von da an bei den anderen auch so gemacht habe. Ich dagegen bin, trotz aller Anstrengung, meine Verse jährlich zu variieren, nie über fünfzig Pfennige hinausgekommen.

Dafür aber hatte ich in den Tagen vor Neujahr meinen Klassenkameraden gegenüber einen großen Vorteil: Ich konnte leichter an Karbid kommen als sie. Den brauchten wir zum Schießen. Denn auch zu meiner Bubenzeit begrüßte man das neue Jahr mit Krach und Lärm, zwar nicht mit Leuchtraketen und prächtigem Feuerwerk, aber mit Knallfröschen, Käpsele und eben mit Karbid. Und den konnte ich leicht beschaffen. Mein Vater, der Goldschmied war, hatte nämlich mehr davon als andere Leute. Er brauchte ihn zum Löten, die anderen Leute nur für ihre Karbidlampen am Fahrrad. Nahm man einen Brocken davon und spuckte kräftig darauf, so bildeten sich auf ihm kleine Blasen, und ein stechender Gasgeruch stieg einem in die Nase. Diese Gase waren brennbar, und das war wichtig fürs Fahrradlicht, an Silvester aber für unsere Knallerei.

Jetzt fehlte dazu nur noch eine Blechbüchse. Dafür hatten wir jedoch schon längst vorgesorgt und vom Hausschlachten leere Wurst- oder Fleischdosen oder gar leergewordene Weihnachtsgutslesdosen gesammelt. In deren Boden schlugen wir mit einem Nagel ein Loch und legten dann den Karbidbrocken hinein. Bevor wir den Deckel wieder draufdrückten, möglichst dicht, spuckten wir kräftig auf den Karbid, nicht zu viel, aber schon gar nicht zu wenig. Jetzt kam es nur noch auf dessen Qualität und die Erfahrung an, um den Zeitpunkt zu erwischen, zu dem sich im Innern das beste brennbare Gas-Luftgemisch gebildet hatte. In diesem Augenblick nämlich mußte man ein brennendes Streichholz an das Loch im Büchsenboden halten, worauf der Deckel mit einem großen Knall weggeschleudert wurde, zwar keine Ackerlänge, aber doch so weit, daß man ihn manchmal suchen mußte. Erwischte man nicht den richtigen Zeitpunkt, gab es bloß eine Stichflamme, und alles verpuffte ohne den erhofften lauten Knall.

Ganz anders ging's jedoch in der Nacht des Altjahrabends zu, vor allem dann, wenn wir längst im Bett waren, wenn keine Straßenlampen mehr brannten und es kuhnacht auf den Gassen geworden war. Darum hatte mein Vater, der letzte Nachtwächter in der Gemeinde, für diese Nacht Verstärkung erhalten. Während er in den übrigen Nächten des Jahres allein dreimal seine halbstündige Runde durch das schlafende Dorf machte, allerdings nicht mehr mit Laterne und Hellebarde, lief er in dieser letzten Nacht des Jahres eine Doppelstreife, zusammen mit dem Feldschütz. Dann waren die beiden hinter den Burschen her, die ihre selbstgebauten Kanonenschläge, wozu sie alte Radnaben oder abgesägte Stücke von Wasserleitungsrohren mit Pulver vollgestopft hatten, vor den Häusern ihrer Mädchen zündeten. Aber nie habe ich gehört, daß sie einen beim verbotenen Knallen und Lärmen erwischt oder gar eingelocht hätten. Vielleicht sind sie aber auch absichtlich in die falsche Richtung gerannt, mein Vater und der Feldschütz, wenn die Übeltäter sich nach der Knallerei aus dem Staube machten, denn die beiden waren ja auch einmal jung gewesen. So ganz ungefährlich war diese mitternächtliche Knallerei jedoch nicht. Manch fehlender Finger zeugte davon oder gar die abgerissene Hand vom Milchmann, der sich deshalb für den Schalthebel seines Opel-Blitz-Lastwagens, mit dem er täglich die Milch aus dem Dorf nach Pforzheim fuhr, eine interessante Eigenkonstruktion gebastelt hatte.

In der Silvesternacht habe ich dann jenen von uns Buben gefürchteten Mann, den Feldschütz, ganz aus der Nähe gesehen. Nach jeder Runde durchs Dorf kehrte er nämlich mit meinem Vater bei uns zuhause ein, wo die Mutter dafür einen heißen und duftenden Glühwein bereithielt. Wenn dann die beiden dickvermummten Gestalten unsere Treppe heraufstolperten, war ich immer sehr darauf gespannt, wie er, der Feldschütz Breitmeyer, den man im Dorf jedoch nur bei seinem auffälligen Vornamen Salomo nannte, der auch auf Bestellung morgens zwischen elf und zwölf in den Hausgärten auf Hauerdel lauerte, und bei dem man fünf Pfennig für ein Hauerdelschwänzchen erhielt, wie dieser Mann wohl aus der Nähe aussehen würde. Weil er auch noch zeitweise das Amt des Totengräbers versah, war für mich viel Geheimnisvolles um seine Person.

Zwar hatten wir Buben ihn auch das Jahr über getroffen, oder besser gesagt er uns, aber da sahen wir ihn nur aus der Ferne, wenn er uns mit drohend geschwungenem Stock nachlief und hinterherrief: »Ihr Weihdaget, ihr siediche! Uich will i helfe, anderleut ihre Wadelbire z'stehle!« Dabei ging er selber aber immer mit einer großen über die Schulter gehängten Tasche über die Baumwiesen, in der ganz sicher viele Wadelbirnen und Jakobiäpfel Platz hatten.

Zugegeben, er hat in seinem Leben viele Sorgen gehabt. Die erste Frau war ihm von einer Schar Kinder weggestorben. Mitleidige Leute nahmen seine Buben und Mädchen so lange bei sich auf, bis er wieder eine Frau gefunden hatte. Von seinem Stock erzählte man sich im Dorf recht Merkwürdiges. Der sollte nämlich nicht bloß ein gewöhnlicher Stock, sondern zugleich auch eine Flinte sein, mit der er richtig schießen könne. Und das tat er auch ab und zu, besonders, wenn sich eine Schar Tauben auf frisch gesäten Äckern niedergelassen hatte und dort eifrig Körner aufpickte. Manch ein von seiner Schrotladung getroffenes Täubchen wanderte dann in die weite Tasche zu den aufgeklaubten Äpfeln und Birnen.

In der Silversternacht sah ich dann die geheimnisvolle Stockflinte und den gefürchteten Mann ganz aus der Nähe, sozusagen für mich privat. In unserer Stube legte er erst seinen dicken Mantel über einen Stuhl, bevor er den merkwürdig geformten Stock, seinen Schießprügel, in die Ecke lehnte. Dann schlug er sich die Arme kreuzweise übereinander, blies lange in die frostigen Hände, hielt mit klammen Fingern die Tasse und trank daraus einen kräftigen Schluck des würzigen Glühweins, der im mittleren Fach des Stubenofens bisher still vor sich hingekö- ·chelt und das ganze Haus mit seinem unverwechselbaren Zimt-Alkoholduft erfüllt hatte.

Während ich Mund und Augen aufsperrte und keinen Muckser tat, lachten und sprachen die beiden Männer mit der Mutter über das Geschehen draußen auf den Gassen und Straßen des Dorfes. Und da verrieten sie schmunzelnd, daß es immer dann im Oberdorf gottserbärmlich knalle, wenn sie ganz draußen im Zinken seien und umgekehrt.

Wenn die beiden wieder zu ihrer Doppelstreife aufgebrochen waren, durfte ich auch ein wenig vom Glühwein probieren, vor allem aber die braunen, bitteren Zimtstangen aussupfen, auf die ich deswegen ein wenig Zucker streute. Und noch heute habe ich den Duft vom Silversterglühwein in der Nase und spüre den Geschmack der bittersüßen Zimtstangen auf der Zunge, wenn ein Jahr zur Neige geht und Silvester vor der Tür steht.

Von der Visitation und dem Schulzwecken

Daß das lateinische Wort »visitare« auch besuchen heißt und daß darum eine Visitation eigentlich ein Besuch sein sollte, habe ich damals noch nicht gewußt. Nach allem, was uns der Lehrer dazu sagte, war die Schulvisitation vielmehr eine regelrechte Prüfung. Daß dabei das pädagogische Können unseres Lehrers und nicht unser Schülerwissen im Vordergrund stand, habe ich auch erst viel später gemerkt, dann nämlich, als ich Lehrer geworden und selber besucht, will sagen »visitiert« wurde.

Damals fieberten eher wir Schüler dem bedeutungsvollen Ereignis entgegen als unser Lehrer, der an diesem Tag den Anzug mit dem weißseidenen Fazenettle trug, in dem ich ihn sonst nur am Sonntag in der Kirche sah. Auch wir hatten uns herausgeputzt, so gut es eben ging, denn heute gab's ja zum Lohn auch den Schulzwecken.

Und dann kamen sie in unsere Schulstube, die Herren der Kommission. Zwei von ihnen kannte ich gut: den Schultes, zu dem unser Lehrer an diesem Tag »Herr Bürgermeister« sagte, und den Herrn Pfarrer. Der dritte, der mit dem langen weißen Bart, der Herr Schulrat, erzählte, daß sie drei gekommen seien, um zu sehen, was wir alles seit der letzten Visitation gelernt hätten. Also verschwieg auch er, daß man an unserem Wissen und Können vielmehr das Geschick unseres Lehrers messen und ihn dann entsprechend beurteilen wollte. Dieser hielt dann, wie bisher auch, mit allen vier Unterklassen gemeinsam Unterricht, arbeitete mit den Erst- und Zweitkläßlern, während die Großen sich derweilen alleine beschäftigen mußten, und unterrichtete diese, wenn die Kleinen für sich rechneten oder etwas abschrieben. Längst hatten die drei würdevollen Herren ihre schwarzen Hüte hinten an unsere Kleiderhaken gehängt und sich um einen Tisch gesetzt, den man für sie bereitgestellt hatte. Von dort hinten verfolgten sie aufmerksam den Unterricht, nickten uns aufmunternd und vielsagend zu oder schüttelten manchmal mißbilligend ihre grauhaarigen Köpfe. Kein Wunder drum, daß manch einer von uns, besonders oft tat es aus meiner Klasse der Sohn des Bürgermeisters, zur Sicherheit erst nach hinten zu den dreien schaute, bevor er die an ihn gerichtete Frage mit »ja« oder »nein« beantwortete, denn wer will sich schon mit einer krottenfalschen Antwort bloßstellen oder vor allen andern zeigen, daß er auch nicht gerade der Hellste oder gar noch dümmer als Bohnenstroh sei. Höhepunkt und zugleich Abschluß der Schulvisitation folgten pünktlich nach dem Elfuhrläuten. Da klopfte es an der Tür, und auf das »Herein« des Lehrers erschien in der Türöffnung der Kopf des Schwemmlebecks. Er sei jetzt da mit den frischen Brezeln und den neubackenen Schulzwecken, sagte er und schob erst seinen großen Weidenkorb und dann seine ganze Leibesfülle durch die Schultüre, und draußen habe er noch einen ganzen Waschkorb davon. Der Schulrat kam bedächtig nach vorne und sagte, daß wir unsere Sache wieder gut gemacht und deshalb alle eine Brezel und einen Wecken verdient hätten. Die seien alle gestiftet worden, und wir sollten sie uns gut schmecken lassen. In dem Augenblick dachten wohl alle Schüler das gleiche, nämlich, daß es eigentlich öfter im Jahr eine solche Schulvisitation und hinterher einen Schulzwecken geben könnte.

Erst viele Jahre später habe ich dann im Rathausarchiv, hoch oben unterm Dach in einem alten und verstaubten Aktenstück gelesen, daß die einstmals gemachte Stiftung vom »Schulzwecken« nichts mit dem Schulzen, dem Schultes, dem Bürgermeister also, und auch nichts mit einer Familie Schulz zu tun hat, sondern eigentlich ein Lesefehler war. Da stand nämlich geschrieben: »Gestiftet für Schulzwecke«.

Geschmeckt hat er uns damals, der »Schulzweck«, Jahr um Jahr. Und eigentlich ist es schade, daß es ihn heute nicht mehr gibt. Man sollte ihn für Schul-Zwecke wieder einführen!

Wo ist bloß der Tatzenstecken?

Es gab ihn noch zu meiner Schulzeit. Er stammte aus einem heimischen Haselnußbusch oder als Meerrohr aus fernen Ländern. Wurde der Haselstock dürr oder begann er, wegen des häufigen Gebrauchs abzusplittern und sich aufzulösen, so schnitt der Lehrer auf einem seiner Spaziergänge über die Markung sich einen neuen Stecken, der noch im Saft stand und darum wieder gut zu gebrauchen war. Aufbewahrungsort für ihn war das Lehrerpult. Brauchte der Lehrer den Stecken zur Bestrafung, so öffnete er ein wenig den Pultdeckel, holte, ohne deswegen den Blick von dem vor ihm stehenden, zitternden Armesünder zu wenden, mit sicherem Griff den Stock heraus und teilte mit ihm »Tatzen« oder »Hosenspannets« aus.

Einmal jedoch griff er ins Leere. Verwundert langte er ein zweites Mal hinein und schaute dann verunsichert im Pult nach, indem er kopfschüttelnd den Pultdeckel ganz umlegte. Aber da war kein Tatzenstecken! Prüfend und streng ging sein Blick vom Lehrerpodium über unsere Bankreihen. Wir hatten alle die Augen gesenkt, Böses ahnend, und lasen, dabei den Zeigefinger Zeile um Zeile mitführend in Fibel oder Lesebuch oder kritzelten hörbar auf die Schiefertafeln, was er zuvor an die Wandtafel geschrieben hatte. Nur der Schüler, der da zwei Tatzen auf die ausgestreckten Finger hätte kriegen sollen, ganz vorne auf die Fingerkuppen, guckte erleichtert zu ihm hinauf, weil er noch einmal davonzukommen schien. »Wer von euch weiß, wo der Stecken ist?« kam scharf die Lehrerfrage. Atemlose Stille. Kein Griffel kratzte mehr über die Schiefertafel, und die Lippen, die beim Lesen leise mitgeflüstert hatten, blieben offen. »Wer hat meinen Stecken gesehen?« fragte der Lehrer noch einmal. Gesehen hatte ihn natürlich keiner von uns. Aber wo er war, das wußten doch einige. Die aber hielten dicht, auch als der Lehrer rief: »Sitzt nicht da wie die Ölgötzen! Wo ist der Stock hingekommen? Ich werd' euch schon die Zunge lupfen!«

Eigentlich war er selber schuld, unser neuer Lehrer, daß es so gekommen war, weil er überaus streng war, manchmal ein rechter Hirsch sein konnte und arg schnell seinen Stock benützte. Wegen jeder Kleinigkeit, nicht geputzten Schuhen oder noch mit Mist verschmierten Stiefeln, einem fehlenden Taschentuch oder nicht gemachten Hausaufgaben, gab's ein paar über die Fingerspitzen oder auf den Hosenboden. Was Wunder, daß sich manche zur Vorsicht kleine Kissen in die Hosen stopften, die allerdings nicht zu auftragend sein durften, weil sie ja sonst der Lehrer sofort bemerkt hätte, wenn er uns die Hosen strammzog. Darum beschlossen wir Buben der vierten Klasse einstimmig, den Stecken verschwinden zu lassen. Aber wie und wohin? Einer allein schaffte dies gar nicht. Da mußten wir alle wie ein Mann zusammenhelfen und füreinander einstehen.

Als alle Schüler der vier Klassen wie immer zum Singen ums Pult herumstanden, wir als die ältesten und größten ganz hinten, sahen wir die Zeit reif für unseren Plan. Einer griff, kaum merklich den Pultdeckel anhebend, hinein und holte ganz hählinge den Haselnußstock heraus. Der wanderte dann durch achtmal zwei Bubenhände in der hintersten Sängerreihe hinüber zum Sandkasten, wo ihn der letzte im Sand verscharrte, während uns der Lehrer auf seiner Geige beim »Fuchs, du hast die Gans gestohlen« begleitete. Als alles geglückt war und der Stecken friedlich unter zehn Zentimeter Sand ruhte, hatten wir einen Mordsgrattel. Das tat wohl bis in die großen Zehen hinunter! Was aber, wenn demnächst im Sandkasten gearbeitet und darin etwa das schon lange angekündigte Abbild der ganzen Markung gebaut werden sollte? Doch es ging alles gut. Und der Erfolg? Eine ganze Woche lang gab's keine Tatzen und kein Hosenspannets!

Als es in der kommenden Woche mit dem Nachbau der Markung im Sandkasten aber doch ernst werden sollte, haben wir beschlossen, den Stecken partu verschwinden zu lassen. Darum hatten wir am nächsten Tag alle unsere langen Hosen angezogen. Was für ein ungewohnter Anblick! Daß es dem Lehrer nicht auffiel und er nicht mißtrauisch wurde, wundert mich noch heute. Aber aller Aufwand war umsonst, weil wir an diesem Tage zum Schlußlied in den Bänken stehen blieben. Erst am nächsten Tag gelang es dann. Wieder standen wir zum Abschiedslied am Schluß des Vormittags ums Pult und den Sandkasten herum. Da wir im voraus noch nicht wissen konnten, wer den günstigsten Platz zum Ausgraben erwischte, hatten wir verabredet, daß alle so lange in den ungewohnten langen Hosen zur Schule kämen, bis alles ausgestanden war, denn nur in ihnen konnte man ungesehen den Stecken unterbringen und forttransportieren. Zum Glück traf es den Längsten von uns. Und bei ihm sah auch der staksige Gang, mit dem er hinterher aus der Schule und bolzgrad über den Schulhof ging, noch einigermaßen normal und nicht verdächtig aus. Ein Hochgefühl war es schon, als der Stecken im Angesicht der Schule unters Beil kam. Einer von uns wohnte nämlich gleich neben der Schule. Jeder der im Kreise um den Spaltblock Herumstehenden durfte ihn mit der Büscheleshape oder dem Beil um ein Stück kürzer machen, einen Spruch dazu murmeln und dann das abgehackte Stück mit einem lauten »Ätschgäbele« in den Kuttereimer werfen.

Leider hat aber einer unsere Tat daheim seinen Eltern berichtet. Dessen Vater hat noch am gleichen Abend seinen Stammtischbrüdern im Lamm stolz weitererzählt, was wir gebosget hatten. Als uns der Lehrer anderntags zu Unterrichtsbeginn alle acht nacheinander aufrief und hieß, nach vorne zu kommen, schwante uns nichts Gutes. Unsere Reihe abschreitend ging er zu seinem Pult, klappte dessen Deckel wie gewohnt nur ein wenig auf, griff, ohne den Blick von uns zu wenden, lässig hinein und holte einen Tatzenstecken heraus. Alle acht, einen nach dem andern, legte er sich übers Knie, zog uns erst die Hose stramm und versohlte uns mit dem erst am Morgen frisch geschnittenen Haselnußstecken gehörig den Hosenboden. Gejuchzget haben wir gerade nicht dabei, weil es schon granatenmäßig weh getan hat. Und weil wir hinterher nicht so richtig sitzen konnten, haben wir an diesem Morgen kaum die Finger gestreckt und uns gemeldet, weil wir die Hände immer wieder brauchten, um sie auf den harten Holzbänken für eine Weile unter den schmerzenden Hintern zu schieben, denn ausgerechnet an diesem Vormittag hatte sich niemand vorsorglich ein Polster in die Hosen gestopft.

Der Schatz im Ackerfeld
oder: Meine erste Begegnung mit der Archäologie

Oben im Dorf wohnte ein Mann, der von vielen ein wenig belächelt wurde oder der gar, wie andere meinten, dem Herrgott den Tag wegstehle, weil er am hellen Tag spazieren gehe und dazuhin seine Zeit mit Dingen vertue, die eigentlich nichts einbrächten. Für mich dagegen war er ein bedeutender Mann, seitdem ich wußte, daß er einmal Verwalter auf einem Hofgut gewesen war, das einstens dem König von Württemberg gehört hatte. Darum störte es mich auch nicht, daß er nach der Schrift sprach und dabei mit den Händen in der Luft herumgestikulierte, anstatt sie, wie die Leute meinten, in den Hosensack zu stekken, wie es sich gehöre beim Schwätzen.
Oft sah ich ihn mit seiner Wünschelrute über die Felder laufen. Mit ihr spürte er Verborgenes auf. Ich konnte es kaum glauben, daß er mit dieser gegabelten Haselnußrute Scherben, Metall und Wasseradern, ja Schmuck und sogar Knochen im Boden fand, also Spuren von Menschen, die vor langer, langer Zeit einmal bei uns gelebt hatten. Was er dann über die gefundenen Münzen und vom Leben jener Menschen erzählte, die er doch gar nicht gekannt hatte, und die längst vor meinem Urgroßvater hier lebten, der mich, seinen ersten Urenkel, am Brunnen

vor unserem Haus noch auf seinen Knien gewiegt hatte, jetzt aber schon acht Jahre auf dem Kirchhof lag, das faszinierte mich ungemein. Ich war darum mit ihm rundherum einverstanden und eigentlich glücklich, wenn ich mit dem freundlichen Mann zusammensein konnte, der mir seiner Wünschelrute wegen noch interessanter und gescheiter erschien als mein geliebter Lehrer und noch vornehmer vorkam als der Schultheiß oder der Herr Pfarrer. In seiner Westentasche steckte ein Monokel, und es beeindruckte mich, wenn er dies an der goldenen Kette herauszog und sich ins rechte Auge klemmte, um die Scherben zu untersuchen, die wir ihm gebracht hatten. Waren diese wichtig für seine Sammlung oben auf der Bühne, so gab er uns 50 Pfennig dafür. Das war viel Geld, so viel konnte man sonst nirgendwo bekommen. Was Wunder, wenn wir deshalb mit offenen Augen beim Pflügen und Eggen der Äcker die umgepflügte Erde nach Schätzen für ihn absuchten. Darum stapelten sich bei ihm unterm Dach schöne Steine und interessante Scherben so sehr, daß er eines Tages sein Gartenwegle, das zu dem Baum mit den guten Schmalzbirnen führte, damit auslegen mußte, um für neue Funde wieder Platz zu haben.

Seine Frau Karoline sah das alles nicht so gerne. Sie war stattlich und trug immer auffallend schöne Kleider. Ihre goldene Uhr, die an einer langen goldenen Halskette hing, habe ich noch gut in Erinnerung. Man konnte zu ihr nicht einfach so ins Haus hineingehen wie bei den Nachbarn. Ihre Haustüre war verschlossen; daneben war ein Klingelknopf, und drin-

nen in der Stube mit dem gebohnerten Parkettboden
– nicht einem Riemenboden wie bei uns – standen
vornehme Möbel mit viel Porzellan darin. Besonders interessant fand ich das mit Perlmutt eingelegte
Opernglas auf dem Vertiko und darüber das Wunderwerk einer Kuckucksuhr, aus der jede Viertelstunde
der Kuckuck fürwitzig hinter seinem Fensterlädle
hervorguckte und seinen Namen rief. Jedem Besucher war sofort augenfällig, daß Frau Karoline nicht
nur, wie ihre fünf Schwestern, in der Stadt Näherin
gelernt hatte, sondern vor ihrer Heirat noch Hausdame bei einem Zahnarzt in der großen Landeshauptstadt gewesen war. Darum sagte auch niemand
Karlene zu ihr, wie man sonst im Dorf ihren Namen
aussprach. Spazierten die beiden Arm in Arm
durchs Dorf, so hob er mitunter grüßend seinen Spazierstock, den er dabei überaus galant handhabe, bis
hinauf zu seinem Strohhut, im Winter zu seiner Pelzmütze. Dann steckten seine Hände nicht nur in
Handschuhen, sondern außerdem noch in einem
Pelzmuff. Einmal habe ich meine Hände in dieses
seltsame und uns unbekannte Ding hineinstecken
dürfen und war erstaunt, wie warm es darinnen war.
Daß der von mir Verehrte und Bewunderte mit seiner Wünschelrute im Boden verborgene Dinge
erspürte und sogar sagen konnte, in welcher Tiefe
sie liegen, kam mir immer wie Zauberei vor. Als ich
ihn einmal fragte, wieso dieser gegabelte Haselnußzweig bei ihm sich manchmal von selber bewege,
erzählte er mir merkwürdige Dinge von elektrischen
Feldern und von Muskelbewegungen, die nicht von
seinem Willen ausgingen. Verstanden habe ich das

alles nicht. Und als er mir einmal die Haselnußgabel in die Hand drückte und mich hieß, damit auf und ab zu gehen, geschah bei mir gar nichts. Die Wünschelrute tat keinen Mukser. Aber als er sie in die Hand nahm, mich dicht vor sich hergehen hieß und ich mit meinen kleinen Händen neben seinen feinen Händen die Rute anfaßte, spürte ich beim Auf- und Abgehen manchmal ein merkwürdiges Zucken in seinen Händen, die die Wünschelrute in Spannung hielten.

So manchen Fund aus der Kelten- und Alamannenzeit hat er damals getan. Der bedeutendste von allen stammt jedoch aus der Zeit, als die Römer unser Land besetzt hatten. Es ist ein großer Meilenstein, der heute im Limes-Museum in Aalen steht, auf dem zum erstenmal der Name der Stadt Pforzheim erwähnt ist. Auf ihm kann man lesen, daß es von hier bis dorthin noch fünf Leugen, das sind etwa elf Kilometer, weit ist.

Ich sehe noch heute den freudig erregten Mann vorsichtig den großen Stein im Boden freilegen. Längst hatte er schon, als wir Buben dazukamen, Hacke und Schaufel beiseite gestellt und arbeitete sich behutsam mit einer kleinen Spachtel an den beinahe zwei Meter großen Wegzeiger aus rotem grobkörnigem Buntsandstein heran.

Später erzählte er, als unser Lehrer ihn in die Schule eingeladen hatte, daß dieser Stein im Jahre 245 nach Christi Geburt gesetzt worden sei, als in Rom Marcus Philippus Kaiser war, und jetzt also beinahe 1700 Jahre alt sei. Wen der wohl alles auf der Römerstraße vorbeiziehen sah, an deren Rand er die Entfer-

nung nach porta, das heute Pforzheim heißt, anzeigte?

So begann mein Interesse an der Geschichte, und
noch heute kann ich gebannt zuhören und bin faszi-
niert, wenn davon erzählt wird, wie die Menschen
früher ihr Leben bewältigt haben.

Die Vertreibung aus dem Paradies oder: Was Simmozheim mit dem Sündenfall zu tun hat

Wie ich schon erzählt habe, trafen sich in unserem Haus die Mitglieder der kleinen methodistischen Gemeinde, im Dorf oft etwas geringschätzig »Stundenleut« genannt, weil sie ein anderes Gesangbuch hatten als die, die zur Kirche gingen. Hatte ich am Sonntagvormittag unter Orgelbegleitung aus dem Kirchengesangbuch gesungen, so saß ich nachmittags auf den langen und harten Bänken in der Versammlung und sang der Mutter unter Harmoniumbegleitung die Lieder aus dem anderen Gesangbuch nach, die mein Vater mit einer freien Baßstimme begleitete, wobei er von Vers zu Vers variierte. Gespannt wartete ich hinterher auf die Ansprache des jeweiligen Predigers. Das war häufig ein Laienbruder, der recht und schlecht den von ihm für seine Predigt ausgewählten Bibeltext auslegte. Viele Brüder taten dies in Schwäbisch und drückten sich dabei so aus, wie sie es die Woche über auch gewohnt waren. Das hatten sie meist vom »Vater Stanger« gelernt, der Jahre zuvor in Möttlingen die »Rettungsarche« gebaut hatte und als origineller Seelsorger auch einfachen Menschen die Botschaft der Bibel in ihren Alltag übersetzen konnte, etwa mit seiner Lebensregel »Auf d' Zong beißa! 'S goht mi nix a!

Kleiner werda!«. Ihn, der nichts anderes sein wollte als »der Friederle von Möttlinge«, hatten sie oft besucht. Und meine Mutter erzählte mir manchmal, und dabei hatte sie einen seltsamen Glanz in den Augen, wie sie es oft selber miterlebt habe, daß ihm die »Gabe der Krankenheilung und treffenden Wortverkündigung« verliehen gewesen sei. Einmal habe er ihrer Gruppe, die den weiten Weg nach Möttlingen auf einem Pferdefuhrwerk zurückgelegt hatte, erzählt, daß er als kleiner Bub mit seiner Ahne Lumpen gesammelt habe. »Jetzt«, so erzählte er weiter, »habe ich ein ähnliches Geschäft, bloß en gros. Jetzt kommen die Lumpen von nah und fern zu mir in die Arche, und da kommt dann der Heiland und nimmt sie mir ab«.

So ähnlich drückten sich auch die Laienprediger in unserer Versammlung aus und schmückten ihre Auslegung noch mit wahren und meist rührenden Geschichten aus dem Alltagsleben. Darum habe ich ihre Predigten auch viel besser verstanden als die vom Herrn Pfarrer in der Vormittagskirche. Aber nicht alle Erwachsenen haben so aufmerksam zugehört wie ich. Manchen von ihnen fielen oft während der Predigt die Augen zu, wohl weil sie von der Wochenarbeit her rechtschaffen müde waren oder im Winter, weil sie sich da zu nahe an das warme Kanonenöfele gesetzt hatten.

Einmal hat sich dabei eine Geschichte zugetragen, über die ich zuerst ganz erschrocken war, hinterher aber herzlich gelacht habe. Der predigende Bruder hatte als Bibeltext die Vertreibung aus dem Paradies gewählt. Darin kommen ja als Vertriebene Adam und Eva vor, das erste Menschenpaar. Adam hieß auch der Ehemann einer Kleinbäuerin, die an jenem Nachmittag während der Predigt, wohl wegen der ungewohnten Ruhe und Stille um sie herum, ebenfalls eingenickt war. Der Bruder schilderte eben, wie Adam, »en Äpfelbutze en dr Hand« sich hinter dem Baum versteckt habe, »unter dem es pratzeltvoll mit Äpfel gläge isch«, als der zürnende Gottvater ausgerufen habe: »Adam, wo bischt Du?« Durch die lautstark und mit viel Pathos vorgetragene Frage fuhr die Schlafende auf, wußte jedoch nicht hischt und nicht hott und antwortete, sich dabei die Augen reibend, dem überraschten Bibelausleger: »Heiligs Blechle no emol! Der Hurgler isch noch Semmeza (Simmozheim) ond holt e Goiß!«

Wie jene Nachmittagsversammlung zu Ende ging, weiß ich nicht mehr, nur, daß ich nicht der Einzige war, der über diesen unerwarteten Dialog staunte und hinterher darüber einfach loslachen mußte. Jedesmal, wenn ich heute auf dem Weg in den Schwarzwald durch Simmozheim komme, muß ich an diese Geschichte denken, obwohl es auch dort schon längst keine Geißen mehr gibt, die man ausgerechnet am Sonntag abholen sollte.

Aller Anfang ist schwer

Als es entschieden war, daß ich nach der vierten Grundschulklasse auf die kleine Landoberschule nach Heimsheim überwechseln sollte, mußten erst zwei Hindernisse aus dem Wege geräumt werden. Fürs erste war mein Vater zuständig. Er mußte für mich ein Fahrrad besorgen, denn wie sollte ich sonst an meinen neuen Schulort kommen? Mit dem Postauto konnte man zwar am Morgen hin- und am Abend wieder zurückkommen, aber ein Schulbus war das natürlich nicht, und außer dem Flaschner-Klotz hatte niemand im Dorf ein Auto. Darum ging er zum Waldschützen-Albert und fragte den, was er für sein gebrauchtes Fahrrad haben wollte. Für fünf Mark erwarb er es für mich, ein stabiles Rad mit breiten Reifen. Das sei für den Anfang besser und vor allem sicherer, meinte dazu mein Nachbar, der Emil, und er verstünde etwas davon, denn schließlich sei er Straßenwart und kenne das Vizinalsträßle nach Heimsheim genau.

Das gekaufte Rad, Marke »Schwabenstolz«, war jedoch eine gute Nummer zu groß für mich. Der Vater merkte es aber erst, als er mich zum ersten Male auf den Sattel hinauflupfte und ich mit meinen Zehenspitzen nicht die Pedale erreichen konnte. Also blieb nichts anderes übrig, als den Sattel abzumontieren und statt dessen einen alten, zusammenge-

legten Kartoffelsack auf dem Fahrradrahmen festzu-
binden. »Das geht schon«, meinte der Vater zur
besorgten Mutter, »nach allen Mucken kann man
nicht schlagen, und bis er das Radfahren gelernt hat,
wird er ja auch noch ein bißchen wachsen.«
Und eben das war mein Problem: ich konnte noch
nicht radfahren und mußte es also noch lernen. Am
liebsten hätte ich es ja des hohen Rahmens wegen so
probiert, wie es Schecks Richard machte. Weil der
auch noch nicht auf den Sattel kommen konnte,
streckte er kurzerhand ein Bein unter dem Querrah-
men seines Fahrrads hindurch und fuhr mit einer
merkwürdigen Schräglage durchs Dorf. Auf die
naheliegende Idee, einem Buben darum vorerst ein
Damenfahrrad zu geben, ist damals niemand gekommen. Darum war für mich das Aufsteigen schon die
erste Schwierigkeit. Doch sie ließ sich mit Hilfe
einer Holzbeige lösen, die am Rande einer sanft
abfallenden Wiese, draußen im Brühl, vor dem
Hause meines Freundes, aufgesetzt war. Von ihr aus
war es nicht schwer, aufs Fahrrad zu kommen, das
derweil mein Freund festhielt. Saß ich dann oben,
und das Rad hatte sich in Bewegung gesetzt, lief er
erst noch ein paar Schritte nebenher, dabei das Rad
mit mir im Gleichgewicht haltend, bevor er stehenblieb, mir noch einen kleinen Schucker gab und
mich dann meinem Schicksal überließ. Das konnte
er guten Gewissens tun, denn ein paar Meter weiter,
am unteren Ende der Wiese, lag ein Strohhaufen.
Der stoppte dann ums Numgucken abrupt, aber
gefahrlos meine ersten Fahrversuche. Auf diese
Weise war zugleich das Absteigeproblem gelöst; im

Stroh fiel ich weich. In den nächsten Tagen lernte ich zum Halten des Gleichgewichts und zum Lenken auch noch das Treten mit den Pedalen dazu, und so konnte ich bald auf ebener Bahn oder gar leicht bergan vorwärtskommen.

Auch das Absteigeproblem hatte ich inzwischen bewältigt: bremste man nämlich das Rad ab und legte man es im Moment des Stillstands leicht zur Seite, so kam man mit einem Bein gut auf den Boden. Nur das Aufsteigen blieb weiterhin schwierig. Und als ich mich nach den Ferien zum ersten Mal auf den Weg zur neuen Schule machen sollte, brachte ich beim Aufsteigen noch immer nicht das Bein mit Schwung über die Querstange. Hilfe in der Not waren dafür die Steinhaufen am Rande der Straße, die dort für Ausbesserungsarbeiten lagerten. Von ihnen aus brachte ich das rechte Bein über das schräg gehaltene Fahrrad und konnte mir mit dem linken noch einen Stoß zum Losfahren geben. Weil aber die Steine nicht immer dort lagerten, wo ich sie gerade gebraucht hätte, mußte ich manche Strecke das Fahrrad schieben, obwohl es nicht den Berg hinauf ging.

Am Morgen hatte mir die Mutter die Reifen aufgepumpt, nicht zu voll, damit das Rad nicht allzu schnell sei, wie sie besorgt meinte, den Schulranzen auf den Gepäckträger geschnallt und mir vor allem noch einmal eingeschärft, mich ja vor der Kirchhofmauer in Heimsheim in acht zu nehmen und recht langsam und ganz vorsichtig durch diese gefährlich scharfe Kurve zu fahren. Es sei nämlich schon manch ein Schussel auf die Mauer draufgefahren und habe sich dabei fürchterlich verletzt. Sicherlich hat sie darum an diesem ersten und wohl auch an manch folgendem Schultag mit Sorge auf ihren heimkehrenden Buben gewartet. Was ich ihr aber nie verraten habe, war, daß ich damals rechtzeitig vor jener Friedhofsmauer bremste, auf meine eigene Art abstieg und zu Fuß durch jene gefürchtete Kurve gegangen bin.

Vom »Vaater«, unserem Polizeidiener und letzten Büttel im Dorf

Mit der Schelle im Arm, so kannten ihn alle, den Büttel und Polizeidiener, wenn er zwei- oder dreimal in der Woche durchs Dorf lief und mit lauter Stimme die örtlichen Bekanntmachungen ausschellte. Über seiner Hose trug er dann den dunkelblauen Uniformrock der Feuerwehr mit roten Litzen an den Aufschlägen. Auf dem Kopf saß seine schwarze Schildmütze, die er ein wenig nach hinten ins Genick schob, wenn er sich die schmale Nickelbrille auf die Nase setzte, nachdem er zuvor mehrmals mit weit ausholenden Armbewegungen die Glocke geschwungen hatte. Waren dann an den Häusern die Fenster geöffnet worden oder die Leute gar vors Haus getreten, so begann er zu verkünden, was ihm sein Schultheiß auf einen Zettel geschrieben hatte, nämlich, daß »morgen um zwölf Uhr auf dem Rathaus der Pferch verkauft« werde, daß »in der kommenden Woche der Kaminfeger« komme, oder daß »der Michel-Beb eine Kuh hat notschlachten müssen. Das Fleisch wird auf der Freibank verkauft, das Pfund zu fuffzich Pfennich«. Ich hörte ihm gerne zu, wie er in einer Art Sprechgesang seine »Bekanntmachung« den Leuten zurief, die sie mitunter kommentierten, was er – je nach Inhalt und Tonart – lachend oder auch bruddelnd zur Kenntnis nahm. In der kalten

Jahreszeit brachte ihm meine Mutter manchmal einen Schnaps vors Haus, den er stets in einem Zug austrank, weil man, wie er sagte, »wichtige Dinge nicht unterbrechen und sie am besten in einem Zug erledigen sollte«. Hinterher fuhr er sich mit seinem Handschuh über den Mund und wischte sich dabei zugleich den Rauhreif aus seinem Schnauzbart. Dem Alkohol war er ohnehin zugetan, und manches Mal, wenn er seinetwegen nicht mehr so ganz sicher auf den Beinen war, verkündete er in unserer Gasse nicht dreimal seine Botschaft, sondern tat dies nur am Anfang unserer Paulinenstraße und meinte dann, sich gleichsam entschuldigend und bestätigend: »Die do hente brauchet au net älles wisse!«

In diesem Zustand hat er mir einmal seine Schelle gegeben, und ich durfte direkt vor unserem Haus, wo er auch sonst gewöhnlich stehenblieb, für ihn die Glocke schwingen. Da erst merkte ich, wie schwer sie war und was sie für einen hellen Klang hatte, so nahe am Ohr. Und dann schellte er aus, daß ausgerechnet unserer Nachbarin, »der Waldschützen-Elise, ihr Leiterwägele gestohlen worden ischt, und daß der, wo es gestohlen hat, das Leiterwägele gefälligscht wieder zurückbringen soll«. Und ganz ohne amtlichen Auftrag fügte er von sich aus noch hinzu: »Und wenn er des net tuet, dann soll ihn der Teufel holen, ond i schlag 'm no ois en d'Anke nei!«

Einmal ist ihm seine Schelle auf den Boden gefallen. Davon hat sie einen Sprung bekommen. Der Flaschner-Klotz, der sie repariert hat, schrieb auf die Rechnung an die Gemeinde – und dort kann man es noch heute nachlesen –: »Vaters Schelle repariert,

3,50 Mark«. Im Dorf hieß man ihn – wie gesagt – nur den »Vaater«, weil er sich einmal im Rausch als Vaater – und nicht als Vadder, wie man bei uns sagte – seines Jungen bezeichnet hatte. Seine Frau, die man folgerichtig »Mutter« nannte, hatte eine Mordsraffel. Das mußte auch der Gerichtsvollzieher erfahren, als er einmal ihr gemästetes Schwein pfänden wollte, weil er im Hause sonst nichts fand, wo er hätte seinen »Kuckuck« draufpäppen können. Da war er aber an die Falsche geraten, und so kam es zu einem heftigen Wortwechsel und argen Hin- und Hergezerfe. Und gerade, als ihr heimkehrender Mann, schwankend und sternhagelvoll mit »Früh, wenn die Hähne kräh'n« zur Türe hereinkam, giftete sie den Gerichtsvollzieher an: »Nix do, du Hamballe; jetzt mach no de Gaul net schallu! Merk dir fei, dui Sau do, dui g'hört mir!«

Als der Leonhard, wie er eigentlich hieß, älter wurde, hat er seinen Schäferhund Arno zur Begleitung mitgenommen, der sich immer gehorsam so lange neben ihn setzte, bis er nach dem Verlesen seiner Botschaft wieder weiterging. Arno hat auch gewußt, in welcher Wirtschaft sein Herr bei Bier und Wein zu finden sei, wenn er gar zu lange ausblieb. Er hat ihm über den Tod hinaus die Treue gehalten, und oft sah man ihn am Grabe des Vaaters, des letzten Büttels aus dem Dorf, sitzen, den Kopf erhoben und laute Klagelaute ausstoßend.

Vom Totengräber, dem alten »Ulmer« oder: Sterben ist mein Gewinn

Es sei kein leichtes, sondern eher schon ein dreckiges Geschäft, das, was er da tue, meinte der alte »Ulmer«, unser Totengräber. Er hieß im Dorf so, weil er einstens in Ulm gedient hatte, das heißt in der schönen Stadt an der Donau Soldat gewesen war. Besonders im Sommer, wenn es recht warm war, mußte er öfters längere Pausen einlegen beim Ausheben der Gräber mit Pickel und Schaufel. Dann holte er seinen Kittel, den er beim Graben ausgezogen und über den nächstbesten Grabstein gehängt hatte, klopfte mit beiden Händen den Dreck aus seinen Hosenbeinen und stapfte mit schwerem Schritt davon, die Stiefel bei den ersten Schritten schlurfend über den Grasboden ziehend, um dabei den schweren, lehmigen Boden von seinen Schuhsohlen loszuwerden. »Heut kann i au net bloß de Bosselbua mache ond de ganze Tag dapferle, dapferle en oim fortschaffe«, stellte er für sich fest und fügte, sich gleichsam selber entschuldigend, hinzu: »Dazwischenei muaß i au ab ond zua a Paus mache, daß i en d' Krone nübergange ka.«
Dort vesperte er dann seinen Schwartenmagen, guckte mehrmals und jeweils recht tief ins Bierglas und trank zuvor und auch hinterher einen Zwetschgenschnaps. Den brauche er eben zu seiner schwe-

ren Drecksarbeit auf dem Friedhof. Auch bei der Leichenschau bekomme er einen oder meist gar zwei, wenn der Doktor, der früher noch auf seinem Bernerwägele, später mit seinem Motorrad vorgefahren kam, den Leichenschein ausgestellt und dann ihm seine Arbeit angewiesen habe. So ein Schnaps, noch besser natürlich zwei, das sei darum immer bodengut zum Anfang und zum Schluß, und im übrigen gehe man ja auch nicht auf einem Fuß heim.

Den ganzen Sommer über war für ihn als Leichenbeschauer und Totengräber Sauregurkenzeit. »Für dreihondert Mark«, so konnte er da in einem fortbruddeln, habe er »haufegnuag alte War' em Flecka, en ganze Wage voll halblebige ond verschrompelte Hutzla ond Zibeba ond drzua au no a paar hagebüchene Datterich«. Aber es wolle und wolle keinen Rucker tun mit ihnen, niemand von denen wolle ihm endlich Arbeit und Verdienst bringen, denn Sterben sei doch sein Gewinn. Daß es im Herbst dann wieder besser werde, sei nur ein schwacher Trost, denn so lange müsse er ja auch auf seinen Schoppen Wein, das Vesper und auf den Hefekranz verzichten, den er vom Leichenschmaus bekomme.

Bei sich selber wollte er dem Herrgott ins Handwerk pfuschen und dem Tode etwas nach- oder besser etwas vorhelfen. Einmal brach aber der Dachsparren, an dem er den Strick angebunden hatte, unter seinem Körpergewicht, und ein andermal schnitt ihn sein Nachbar gerade noch rechtzeitig los. Seinem Retter machte er darob große Vorwürfe. Er hätte besser den verfahrenen Karren laufen und ihn seinen letzten Schnapper tun lassen sollen. Er sei ja ums

Härle am Aufamseln gewesen und habe bereits die Englein im Himmel singen gehört. Und dann wäre es doch zu schön gewesen, wenn bei seiner Leich viele Leut an seinem Grab Rotz und Wasser geheult und der Pfarrer und die Schulkameraden ihn noch über den Schellenkönig hinaus gelobt hätten.

Und dann ist er doch noch eines ganz natürlichen Todes gestorben und hat auch am richtigen Platz auf dem Kirchhof seine letzte Ruhestätte gefunden. Im ehemaligen Pfarrgarten, der an den Friedhof angrenzte, gab's den geheimnisvollen »Kindlesbrunnen«. Aus ihm, so erzählte man uns Kindern, hole nachts der Klapperstorch die kleinen Neugeborenen und bringe sie dann zu den Wöchnerinnen in die Häuser. Darum haben wir bei so manchem Gemeindefest im Pfarrgarten mit klopfendem Herzen die etwas morschen Abdeckbretter über dem kleinen Brunnenschacht zur Seite geschoben und angestrengt ins Dunkel hinabgeguckt, jedoch nie entdeckt, was wir suchten.

»I wensch mr bloß«, meinte einmal der alte Totengräber, als man die Quelle vom Kindlesbrunnen faßte und den zu klein gewordenen Friedhof um den ehemaligen Pfarrgarten erweiterte, »i wensch mr bloß, daß dort en des feuchte Loch emol oiner neikommt, wo seiner Lebtag lang emder Dursch g'het hot.« Und dieser nicht alltägliche Wunsch ist ihm dann bald darauf erfüllt worden.

Auf den Brettern,
die die Welt bedeuten

Ganz vorne, direkt an der Bühne saßen wir auf dem Fußboden, damit wir ja alles genau sehen, verstehen und miterleben konnten, was sich da in wunderbaren und dramatischen Geschichten, alle aus dem echten und wahren Leben gegriffen, leibhaftig vor uns abspielte. Lange hatte ich für das jährlich einmalige Gastspiel der Theaterleute zäh und eisern sparen müssen, die eine ganze Woche lang Abend für Abend sich im Löwensaal von ganz normalen Leuten in von mir bestaunte und bewunderte Leute verwandelten. Hatte ich dann mit viel Glück fünfzig Pfennige zusammen, so konnte ich mit ihrer Hilfe erfahren, was sich dereinst draußen in der weiten Welt zugetragen: die Geschichte von der hartherzigen Geierwally, die wie ein Mann inmitten hoher Berge lebte, auf denen immer Schnee lag, wenn die Theaterleute bei uns spielten, und vor allem die von der heiligen Genoveva. Gebannt verfolgte ich, was sich vor den auf Leinwand gemalten und vor die Fenster gehängten Kulissen alles zutrug. Da verstieß vor seiner auf steilem Berg thronenden Burg der vom Kreuzzug ins Heilige Land glücklich heimgekehrte und gar prächtige gekleidete Pfalzgraf Siegfried seine schöne Frau und den kleinen ganz und gar schuldlosen Sohn, dessen lange blondgelockte Haare ich bewunderte, umso mehr, als mir in jenen Tagen der Vater wieder einmal der Kopfläuse wegen eine Glatze geschoren hatte, ein Schicksal, das ich allerdings mit manchem Schulkameraden teilte. Wie konnte der Pfalzgraf nur dem Golo trauen und ihm mehr glauben als den Unschuldsbeteuerungen seiner Frau, wo doch jeder von uns längst gemerkt hatte, was der Golo für einer war: ein Verleumder – und ein Erzfetz obendrein!

Wenn sich der Vorhang zum zweiten Mal öffnete, spielte der Junge, der jetzt nicht mehr so schön gekleidet, aber noch immer gut gekämmt war, auf einer Waldlichtung mit der Geiß vom Haberfritzle. Jedermann im Saal wußte, wir Jungen wie die Alten hinter uns, die sich schon oft die Nase geschneuzt hatten, daß das eigentlich eine zahme Hirschkuh sein sollte, von deren Milch sich Mutter und Sohn im tiefen Walde ernährten. Und weil die Geiß vom Haberfritzle das größere Euter hatte, war sie der viel bräveren Geiß vom Schafhof-Hannes als Hirschkuh vorgezogen worden. Das war auch der Grund, warum meine Schulfreundin Herta, die Tochter vom Haberfritzle, mit einer Freikarte neben mir saß. Als dann die arme verstoßene Genoveva ihre Hirschkuh melken wollte, gab diese, trotz allen Mühens der edlen Frau, keinen Tropfen Milch von sich. Darum schnalzte meine Nebensitzerin aufmunternd mit der Zunge, wie es ihre Mutter beim Melken auch tat. Kaum hörte ihre Geiß die vertrauten Laute, drehte sie den Kopf, lief der Freifrau davon und hüpfte die Bühne herab , geradewegs auf die Herta zu. Da halfen auch alle Lockrufe der edlen Genoveva »Komm,

komm, meine liebe Hirschkuh, komm!« nichts. Sie und ihr kleiner Bub bekamen an diesem Tage keine Milch. Zum guten Schluß dieses Dramas in drei Akten kam die Schurkerei Golos doch noch heraus, und alle machten sich versöhnt und glücklich auf den Weg zur Ritterburg, wo der Übeltäter seine wohlverdiente Strafe erhielt und geviertteilt wurde.

Dann sollte sich der Vorhang schließen. Doch er blieb noch ein ganzes Stück offen, obwohl einer der Spieler heftig daran zog, was jedoch den Beifall nicht schmälerte. Und bevor der geviertteilte Golo den Vorhang von Hand zuzog, habe ich noch gesehen, wie die im Spiel so überaus liebevolle und edle Genoveva ihrem blondgelockten Buben einen ganz giftigen Blick und dann noch einen bösen Stoß gab, damit auch er vor den Vorhang treten und den Beifall entgegennehmen sollte. Also menschelt es auch bei diesen Leuten, dachte ich und klatschte darum dem blonden Knaben noch mehr zu, weil mir just in diesem Augenblick eingefallen war, wie auch ich wenige Wochen zuvor für die aufmunternde oder gar aufrichtende Wirkung eines wohlwollenden Beifalls dankbar war. Bei der Schulweihnachtsfeier war ich nämlich in meinem Begrüßungsgedicht, trotz mehrerer Versuche, nicht über die erste Verszeile hinausgekommen, obwohl daheim alles wie am Schnürchen geklappt hatte. Aber da vor den vielen Leuten steckte mir ein großer Kloß im Hals.

Erst nach und nach habe ich ihn verloren, den Kloß, und auch noch heute muß ich heimlich mehrmals tief Luft holen und schlucken, wenn Leute vor mir sitzen, die mir zuschauen oder zuhören wollen.

Nachbemerkung

Einen Augenblick noch,
liebe Leserin, lieber Leser,
Sie haben die Geschichten aus meiner Kindheit gelesen. Vielleicht sind dabei Erinnerungen an Ihre Kindheit und Heimat bei Ihnen wachgerufen worden. Ich hatte das Glück, beide als einen Ort zu erleben, an dem ich mich geborgen fühlen konnte. Zu ihnen gehörten neben Feld und Flur die Tiere und Menschen, mit denen man sich in einer festen und deshalb auch tragenden Ordnung verbunden wußte.

Aus der Sicht des Erwachsenen sehe ich heute im Rückblick in der Starrheit dieser festgefügten Ordnung auch deutlich die Nachteile und Erschwernisse für ein individuelles Leben. Es gibt eben nicht nur den durch allgemein verbindliche Tabus vorgezeichneten „einzig richtigen" Weg! Damals jedoch kam es mir nicht in den Sinn, daß etwas nicht stimmen könnte in dieser kleinen Welt. Man nahm es als gottgegeben hin, daß es gut ist, so, wie es ist. „Liebes Kind", sagte oft meine Ahne mahnend zu mir, „bleibe gern im niedrigen Stande!" Heute weiß ich, daß der Mensch nicht nur das Recht, sondern auch die Pflicht hat, sich seine Ziele weiter zu stecken und nach ihrer Verwirklichung zu streben.

Darum – und weil es das Dorf meiner Kindheit nirgendwo mehr gibt – erleben Kinder heute Heimat und Kindheit anders, sicherlich jedoch nicht weniger intensiv, und erfahren dabei, so beobachte ich, zum Glück die Bedrohung der Schöpfung, die Grenzen unseres Lebens und das Böse im Menschen von sich aus nicht stärker als wir damals. Darum gehören auch zu ihrem Alltag das Staunen, die Freude und das Glück über die kleinen Dinge am Wege.

Weil aber Erinnerungen – wie Wärmflaschen – nur kurze Zeit wärmen, meine ich, daß wir uns nicht darin verspinnen und einnisten dürfen. Vielmehr sollten wir die uns geschenkte Zeit „auskaufen" und unserem Leben nicht bloß Jahr um Jahr hinzufügen, sondern versuchen, diesen Jahren Leben zu geben, in dem, wie Rilke es ausdrückt, auch „das Unerhörte noch möglich sein muß". So möchte ich den Spätsommer meines Lebens annehmen, heiter und gelassen. Er wird wohl weniger sonnig, dafür vielleicht aber farbenreicher sein.

Das wünscht auch Ihnen in der festen Zuversicht, daß Gott den Becher unseres Lebens immer wieder aufs neue füllen wird

Ihr

Imanuel Stutzmann

E bißle Schwäbisch

oder: S'isch no koi Glernter vom Hemmel gfalle!
(Für diejenigen Leserinnen und Leser, die vielleicht nicht
alles verstanden haben)

A/Ä

abersche	– abwärts
äll Tritt	– alleweil, sehr oft
ällsgmach	– gemächlich, endlich
ästimieren	– achten, schätzen (frz. estimer = schätzen)
anegehen	– vor sich hingehen
aufamseln	– sterben
aufbeigen	– aufeinandersetzen, stapeln (mhd. bigen)
aufklauben	– aufsammeln, auflesen
aushausig	– verschwenderisch (sein Sach außer Haus tragen)

B/P

Bäbberle	– Plappermaul
Bagasch	– Lumpenpack
Barchet	– Bettuch (aus dicht gewobener Baumwolle und Leinwand)
partu	– unbedingt, mit Gewalt (frz. partout = überall)
Baßledâ (zom)	– zum Zeitvertreib (frz. passe [le] temps = Zeitvertreib)

Battscher	– Teppichklopfer (frz. battre = schlagen)
Bäuschtle	– kleines ringförmiges Kissen (auf dem Kopf)
beerschwarz	– tiefschwarz
pfuzgen	– losprusten
bhäb	– geizig, dicht dabei (mhd. behebe)
blutt	– nackt, bloß
Bosselbua	– jemand, der eine unbeliebte Arbeit tun muß
Botschamber	– Nachttopf (frz. pot de chambre = Nachttopf)
Bredullie (in die Br. kommen)	– in Bedrängnis geraten (frz. être bredouillé = mit leeren Händen dastehen)
Breschtleng	– Gartenerdbeere (mhd. brestelinge)
pressant	– eilig
buckelranze	– huckepack
bugsieren	– mit Schwierigkeiten an seinen Ort bringen

D/T

Datterich	– Zittern (auch: ängstlicher Mensch)
Deichel	– Rohr (mhd. tiuchel)
Doggestub	– Puppenstube
Dote/Döte	– Patin/Pate (mhd. tote)
Triebel	– Kurbel

E

einduseln	– einschlafen

F/V

Fazenettle	– kleines Taschentuch (ital. fazzeletto = Taschentuch)
verbobbern (verzwatzeln)	– vor Ungeduld vergehen
verheben	– zurückhalten (siehe auch: heben)
Fisimatente (machen)	– Umstände machen (frz. visitez ma tente = besuchen Sie mich in meinem Zelt)

G

gacksen	– stottern
Gezerf	– Streiterei
Glufa	– Stecknadel (mhd. kluf)
Grombire	– Kartoffel (Grundbirne) auch: Äbire (Erdbirne)
Gsälz	– selbstgemachte Marmelade
Gucke	– Tüte (lat. cucullus = Tüte)

H

Habergeiß	– dürres Weibsbild
hälinge	– heimlich (mhd. helinge)
Haipfel	– Oberkissen (mhd. houbetphühl)
Hâpe	– gekrümmtes Reisig-Hackmesser (mhd. hâpe)
Hauerdel	– Maulwurf
heben	– halten, festhalten (siehe auch: lupfen)
höpfelig	– aufgeregt
Hurgler	– tappiger Mensch
Hennetäpperle	– kleine Schritte

hudle (no net h.!)	– nur nicht so eilig!

I/J

Jäst	– Zorn

K

Kandel	– Rinne der Straße entlang (lat. canalis = Rinne)
kiddern	– heimlich lachen, kichern
Knäusle	– Brotanschnitt (mhd. knus)
Krautblätsche	– großes Krautblatt
krebseln	– klettern
krottenfalsch	– ganz und gar falsch
Kuddelmuddel	– Durcheinander

L

Läpperte	– Verschüttetes
lupfen	– heben (siehe auch: heben)

M

Migge	– Bremse am Wagen

N

Nachtkrabb	– schwarzer Vogel, mit dem man die Kinder schreckt

O

oineweg	– trotzdem
oizecht	– einzeln

R

räß	– sauer, herb (mhd. raeze)
Rank	– Kurve

ratzebutz	– vollständig (frz. rasibus = gestrichen voll)

S

sauen	– rennen
schallu	– verrückt (frz. jaloux = eifersüchtig)
Schick	– Kautabak
schier	– beinahe, fast (schiergar)
selbander	– zu zweien
Semsekrebsler	– saurer Most oder Wein
Suttenkrug	– Mostkrug

W

wiefeln	– stopfen (engl. to weave = weben)

Z

zappenduster	– ganz dunkel
Zeine	– Korb
Zibebe	– Rosine, auch: langweilige Frau (arabisch)
Ziefer	– Hausgeflügel, kleinere Haustiere

Mei Muatter hot älls gsait: »Liaber heimlich gscheit als oheimlich domm!«
Martin Heidegger: Der Dialekt ist die Sprache der Mutter und die Mutter der Sprache.

Abbildungsnachweis

Die Abbildungen auf den Seiten I, II, III, V, VIII, IX, X, XIII und XIV wurden dem Buch »Friolzheim – Bilder erzählen aus vergangenen Tagen« (Geiger-Verlag, Horb a. N. 1985) entnommen; der Abdruck erfolgt mit freundlicher Genehmigung des Geiger-Verlages.
Die restlichen Abbildungen wurden vom Verfasser zur Verfügung gestellt.

Karl Napf
Heuhofen ist überall
Knitze Geschichten von Land und Leuten. Karl Napfs Feder ist spitzer
geworden, andererseits sieht er die »Menschen in Heuhofen« mit tiefem
Verständnis und tritt allenfalls nach oben, zu den »Großkopfeten«.
160 Seiten.

Wolf-Henning Petershagen
Die Wahrheit über Deppenhausen
Kuriose Ortsnamen in Baden-Württemberg. Der Band greift solche Namen
auf und erklärt sie unterhaltsam, aber fundiert nach dem neuesten Stand
der Ortsnamenkunde. Mit Zeichnungen von S. Buchegger. 160 Seiten.

Wolf-Henning Petershagen
Maier, Jauch & Eisele
Was steckt hinter den Familiennamen? Das Begleitbuch zur erfolgrei-
chen Serie der Südwest Presse, in denen rund 1300 Familiennamen von
Abele bis Züblin behandelt und erklärt werden. Die unterhaltsam
geschriebenen Kapitel erklären nicht nur den Sinn der Namen, sondern
auch ihren historischen und sozialen Hintergrund. Mit Illustrationen
von S. Buchegger. 160 Seiten.

Museen in Baden-Württemberg
Umfassend, kompetent und attraktiv ist dieser unentbehrliche Begleiter:
1043 Museen von A bis Z. Mit farbiger Übersichtskarte, Öffnungszei-
ten, kurzem Überblick zu den Sammlungen, Eintrittspreisen u.v.m.
480 Seiten mit 400 farbigen Abbildungen.

Wolfgang Alber/Eckart Frahm/Manfred Waßner
Baden-Württemberg
Kultur und Geschichte in Bildern. Die Autoren präsentieren neben ein-
drucksvollen Zeugnissen einer hochstehenden Kultur bewusst auch die
Alltagsgeschichte der kleinen Leute. So entsteht ein anschaulicher Über-
blick von der Steinzeit bis zur Gegenwart. 160 Seiten mit 200 farbigen
Abbildungen.

THEISS